O QUE FAZER COM OS BABACAS

MAXIME ROVERE

O QUE FAZER COM OS BABACAS

e como deixar de ser um deles

VESTÍGIO

Copyright © 2019 Flammarion, Paris
Copyright da tradução © 2019 Editora Vestígio

Título original: *Que faire des cons? – Pour ne pas en rester un soi-même*

Todos os direitos reservados pela Editora Vestígio. Nenhuma parte desta publicação poderá ser reproduzida, seja por meios mecânicos, eletrônicos, seja via cópia xerográfica, sem a autorização prévia da Editora.

EDITOR RESPONSÁVEL
Arnaud Vin

REVISÃO
Bruna Emanuele Fernandes

EDITOR ASSISTENTE
Eduardo Soares

CAPA
Création Studio Flammarion

ASSISTENTE EDITORIAL
Pedro Pinheiro

ADAPTAÇÃO DE CAPA
Diogo Droschi

PREPARAÇÃO
Sonia Junqueira

DIAGRAMAÇÃO
Waldênia Alvarenga

Dados Internacionais de Catalogação na Publicação (CIP)
Câmara Brasileira do Livro, SP, Brasil

Rovere, Maxime
  O que fazer com os babacas : e como deixar de ser um deles / Maxime Rovere ; tradução Mauro Pinheiro. -- 1. ed. -- São Paulo : Vestígio, 2019.

  Título original: Que faire des cons? pour ne pas en rester un soi-même.
  ISBN 978-85-54126-42-1

  1. Comportamento humano 2. Convivência 3. Relações sociais I. Pinheiro, Mauro. II. Título.

19-26071   CDD-128

Índices para catálogo sistemático:
  1. Filosofia da vida humana 128 :

Iolanda Rodrigues Biode - Bibliotecária - CRB-8/10014

A **VESTÍGIO** É UMA EDITORA DO **GRUPO AUTÊNTICA**

São Paulo
Av. Paulista, 2.073 . Conjunto Nacional
Horsa I . 23º andar . Conj. 2310-2312
Cerqueira César . 01311-940 São Paulo . SP
Tel.: (55 11) 3034 4468

Belo Horizonte
Rua Carlos Turner, 420
Silveira . 31140-520
Belo Horizonte . MG
Tel.: (55 31) 3465 4500

www.grupoautentica.com.br

Introdução 7

Três conclusões propostas como preliminares 13
Como caímos nas redes dos babacas 21
Como se recuperar de sua estupefação 29
Como passamos do erro à sorte 37
Recaídas na emoção 45
Como a impotência gera o dever 53
Como as autoridades morais entram em conflito 63
Como escutar um babaca 73
Por que o Estado não está nem aí pra gente 83
Por que a ameaça é uma forma de submissão 93
Como a moral acaba com a interação 103
Por que os babacas preferem destruir 113
Por que os babacas governam 123
Por que os babacas se multiplicam 133
Por que os babacas sempre vencem 145

Conclusão 153
Agradecimentos 158
Bibliografia 159

INTRODUÇÃO

"Estamos atrasados em relação ao povo
– é um axioma –, tenho a impressão de
que você está rindo, Karamazov?"

SE OS FILÓSOFOS jamais levaram a sério o problema que iremos enfrentar aqui, é porque se dedicaram principalmente, e com razão, a experimentar os poderes da inteligência. O esforço extraordinário que fizeram para compreender e explorar as diferentes modalidades do que significa "compreender" não negligenciou, é claro, a existência da babaquice – exatamente porque, mesmo na abordagem mais ligeira, o entendimento das coisas e a babaquice existem, por definição, em proporção inversa: só começamos a compreender à medida que deixamos de ser babacas. Mas, por esse motivo, os filósofos só puderam atribuir a seu adversário definições quase todas negativas, supondo sempre que seja adotado seu ponto de vista, o de uma pessoa pelo menos *teoricamente* inteligente. Sem fazer uma grande história filosófica da babaquice, basta lembrar que eles viram nela um obstáculo ao conhecimento, ou à realização moral, ou à discussão sadia, ou à vida em comum, sob as formas do que uns e outros chamaram de *opinião*, *preconceito, superstição, paixão, dogmatismo, pedantismo, niilismo* etc. Assim fazendo, eles contribuíram para esclarecer a babaquice, é verdade, sob inúmeros aspectos. Mas como sempre a intelectualizaram excessivamente – o que era bem natural, vindo dos mestres do conceito; foi impossível, para eles, enfrentá-la pelo ângulo sob o qual ela constitui um autêntico problema.

Para simplificar, o problema não é a babaquice, mas sim os babacas. De fato, qualquer que seja a definição escolhida para a babaquice, chegamos à mesma conclusão: através de todos os meios possíveis, de todas as forças humanas e não humanas, a babaquice deve absolutamente – ou melhor, na medida do possível – ser combatida e aniquilada. *Stultitia delenda est*: esta fórmula latina exprime um ódio salutar, um ódio selvagem, sem limite e sem piedade pela babaquice: *ela deve ser destruída*.

Mas... e os babacas? Os verdadeiros babacas, ou seja, aquelas e aqueles que entulham nosso cotidiano, com os quais cruzamos nos transportes coletivos, com os quais convivemos todos os dias no trabalho, aquelas e aqueles com quem vivemos e que se encontram (Deus me perdoe!) até mesmo em nossas famílias – inclusive, entre os seres com os quais compartilhamos um pedaço de nosso destino, amigos, amores, e que um dia revelam um aspecto abominável... Esses babacas! Quem ousará dizer que devemos aniquilá-los? Ninguém, exceto os piores dos babacas, deseja de fato chegar a esse ponto.

Os babacas representam, portanto, um problema bem mais delicado e bem mais importante, de um ponto de vista filosófico, que a babaquice em si. A existência dessas criaturas estúpidas e frequentemente agressivas constitui um problema teórico extremamente complexo, uma vez que ele tem a forma circular. Na verdade, quando nos confrontamos com um ou uma babaca, algo acontece subitamente, chegando a nos privar de nossa própria inteligência (emprego aqui a palavra em seu sentido mais amplo, o de *disposição para compreender*). Evidentemente, nunca chegarei ao ponto de insultar meus leitores nem minhas leitoras; mas é preciso admitir que, a partir do momento em que identifica um babaca ou uma babaca, você não se encontra mais *diante de* alguém, mas *numa situação* na qual seu próprio empenho em compreender se acha seriamente obstruído. Uma das principais características da babaquice – daí a importância de empregar sua designação vulgar – é que ela, de certo modo, absorve sua capacidade de análise e, através de uma estranha propriedade, obriga vocês a sempre falarem sua língua, entrar em seu jogo, enfim, a se deslocar para seu território. Trata-se de uma armadilha tão difícil de evitar que, por ter me confrontado com ela sob meu próprio teto, tendo a chance (felizmente, temporária) de conviver com ela, decidi interromper meus trabalhos universitários mais complicados para fazer este favor a mim mesmo e aos outros: esclarecer essa dificuldade, entre as maiores de todas, e, se possível, nos livrar dela.

Antes, porém, de entrar em detalhes sobre os problemas que os babacas representam, os quais considero tão sérios quanto os problemas mais sérios tratados pelos filósofos, preciso avisar algo: este livro aborda a babaquice *de fato*, não *de direito*. Dito de outra maneira, tenho plena consciência de que, enquanto problema moral, político e social, a babaquice deve antes de tudo ser prevenida. Devemos pôr em prática modos de organizar a vida em comum que sejam mais eficazes em impedir os jovens humanos de se tornarem perfeitos babacas – visto que, qualquer que seja sua origem social, eles mesmos são, frequentemente, filhos e filhas de babacas. Daí a urgência. Mas os esforços que dedicamos a melhorar em grande escala o desenvolvimento da inteligência não devem ocultar seus próprios limites: não somente a aplicação e a eficácia de dispositivos antibabacas dependem de um grande número de fatores, como também nenhuma sociedade jamais existirá sem que ao menos uma parte da população – nem que seja uma única pessoa – seja considerada por pelo menos outra parte da população – ainda que seja por um só de seus membros – como excepcionalmente dotada em termos de babaquice. Nesse sentido, mesmo que teoricamente ela seja solucionável na lei e que os esforços empregados contra ela pelas ciências humanas e pelas pessoas de boa vontade sejam pertinentes e legítimos, a babaquice existirá sempre nos fatos.

Assim, é preciso admitir sem demora: mesmo no melhor dos mundos e com a melhor vontade possível, você irá *sempre e necessariamente* encontrar babacas. Por sinal, isso não vem apenas do fato de eles ainda existirem, apesar das transformações históricas – pois a babaquice é tudo, menos estática. Ela se distingue por uma resistência bem específica, por meio da qual os babacas se opõem cegamente a tudo que se queira fazer para melhorar uma situação qualquer – inclusive a deles. Assim, exercendo sempre uma vigorosa oposição aos esforços que você venha a fazer, eles tentarão afogar seus argumentos com racionalizações sem fim, sufocar sua benevolência com ameaças, sua gentileza com violências, e o interesse comum numa cegueira que mina até mesmo as bases dos próprios interesses individuais deles. Nesse sentido, a babaquice não é apenas uma espécie de resíduo incompreensível da evolução humana; ao contrário, ela é um dos principais motores da História, uma força que – apesar, ou melhor, *graças* a sua cegueira – venceu uma boa parte das lutas no passado e vencerá muitas no futuro. Para resumir a permanência insuperável dessa força, convenhamos sobre o seguinte: *os babacas são obstinados.*

Essa particularidade tem o inconveniente de afastar as soluções mais simples. Porque a obstinação dos babacas significa que não faz sentido algum defender a tolerância diante da intolerância, o espírito esclarecido diante das superstições, a abertura de espírito diante dos preconceitos etc. As grandes declarações e os bons sentimentos só servem para agradar àquele ou àquela que fala, e esse prazer permite à babaquice absorver novamente seu adversário, capturá-lo em suas redes e travar, ainda e sempre, seu próprio esforço para compreender.

Por todas essas razões, é estruturalmente impossível se reconciliar com os babacas, pois eles mesmos não o desejam; não há outra opção, sem dúvida alguma, senão aprender a *lidar com isso*. Mas como? Como, após admitir dolorosamente que os babacas existem de fato, e que a existência deles é mesmo necessária, desde sempre e para sempre, poderemos encontrar os meios – num momento em que já é tarde demais para qualquer trabalho de prevenção – para *lidar com isso*?

Se soubesse a resposta no momento em que faço a pergunta, eu seria mais um deles. Mas trago no bolso um pequeno plano, um pouco de método e uma longa experiência de abstração; vejamos, juntos, se a filosofia pode encontrar soluções claras para esse problema urgente.

TRÊS CONCLUSÕES PROPOSTAS COMO PRELIMINARES

―――

– Ei, não precisa empurrar!
– Mas por que vocês estão parados no meio do ônibus?!
– Vamos lá, andem!
– Mas não precisa empurrar!
– Então andem!
– Mas não empurre!
– Espera aí!
– Mas vocês não podem avançar!
– Mas essa gente...

Somos sempre o babaca de alguém;
as formas de babaquice são infinitas;
e o principal babaca se acha dentro de nós mesmos.
Dito isso, podemos começar a refletir.

No momento de começar a ler este livro, você já tem em mente alguma experiência com os babacas. Sei, é lamentável! Alguns rostos, alguns nomes vêm à sua cabeça... Essa experiência dolorosa, que pode resultar em coisas graves – injustiças e sofrimentos –, faz com que você tenha vontade de dar a eles o que merecem, o que significa, simultaneamente, conhecer mais sobre eles, rir um pouco deles e se sentir mais inteligente. Compartilho dessa sua esperança, mas desejo, antes de tudo, chamar sua atenção para um problema dentro de nosso problema, que é uma questão de definição.

De fato, se é possível definir abstratamente a babaquice, é muito difícil determinar com exatidão o que é um babaca. Duas coisas saltam aos olhos. De um lado, trata-se de uma noção tão relativa que não escapa a ninguém que somos sempre o babaca ou a babaca de alguém, e é sem dúvida por isso que, hoje em dia, ainda carecemos de um estudo sério sobre o assunto (eu mesmo não o teria abordado se não fosse obrigado). Por outro lado, e reciprocamente, pode-se dizer que cada um tem seu babaca, isto é, qualquer um, ao abrir este livro, espera que seja proposta uma definição clara de um ser com determinações mais imprecisas que as de um fantasma, mas cuja presença é, para ele ou para ela, muito mais evidente do que a de Deus. Você e eu gostaríamos que a filosofia nos permitisse apreender melhor a experiência dessa *coisa* que surgiu em nossas vidas sob os traços de babacas particulares.

Entretanto, reflita sobre o seguinte: do ponto de vista de uma inteligência pura, os babacas não existem. O perfeito Sábio, o Deus dos filósofos, quando contempla o mundo, não enxerga babacas em lugar algum. Sua inteligência infinita percebe imediatamente a mecânica das causas, o entrelaçamento dos fatores, a excitação das interações que fazem os humanos agirem. Em sua benevolência infinita, ele acolhe com amor as improvisações mais estúpidas, as frases e os gestos inadequados, os golpes baixos etc. Ele sabe, em sua onipotência, que é preciso de tudo para fazer um mundo, e sua confiança no avanço do Universo lhe permite lembrar-se detalhadamente das atitudes e dos defeitos mais absurdos. Não, os babacas não são detectados pelo radar do Absoluto. Eles se dissolvem sob seu Olhar Perfeito.

Se temos um problema com os babacas, fica evidente que vivemos, nesse encontro, a experiência de nossos próprios limites. Eles demarcam o ponto a partir do qual não conseguimos mais compreender e onde não podemos mais amar. Isso só nos deixa duas escolhas. Ou nos satisfazemos em nossa finitude e adotamos a atitude dos simplórios – que preferem rir, pois encontram aí uma maneira de se deleitar com aquilo que não compreendem – ou reconhecemos a força exata da babaquice – ou seja, que ela se encontra no efeito que provoca em nós – e recorremos à força dos conceitos para pisar sobre os babacas, isto é, para nos tornarmos não apenas melhores do que eles, mas melhores do que nós mesmos.

A segunda opção tem um sério inconveniente: ela não é hilária o tempo todo, e acontece que às vezes é realmente enfadonha. Mas quero crer que em poucas páginas nós poderemos estudar os babacas como dispositivos complexos, sem seduzir ou lançar mão de jargões além do necessário.

Porém, antes mesmo de começar, vejo surgir outra dificuldade: o espectro da babaquice é tão amplo que parece impossível estudar todos os babacas ao mesmo tempo. Há babacas, sentados em cima de suas certezas, que se recusam a duvidar; há outros que rejeitam tudo e que duvidam até da verdade; e há ainda os que nem ligam para os dois primeiros grupos e que, aliás, não ligam para nada, nem mesmo para os dramas que poderiam ser evitados. Como então podemos falar de todos esses babacas ao mesmo tempo?

Uma solução possível consistiria em determinar os tipos, os gêneros, classificá-los por famílias, talvez elaborar um gráfico, uma espécie de árvore genealógica. A meu ver, contudo, uma tipificação traria um grave inconveniente: daria aos babacas uma consistência que eles não têm. Se eu fizesse uma lista que permitisse distingui-los e descrevê-los, um a um, certamente concordaríamos sobre alguns casos, isolando os tipos ou as "essências" de babacas, como numa perfumaria. Infelizmente, isso produziria um efeito exatamente contrário ao nosso objetivo: você seria levado a investir demais na sua experiência, isto é, a se convencer de que seu confronto foi com entidades e não com situações. Dessa forma, quanto mais você conseguir reconhecer seus babacas, mais isso convencerá você de que existem babacas, assim como existem avestruzes e faias púrpuras (o que é inexato, como demonstrarei). Essa convicção teria por consequência distanciá-lo do ponto de vista da inteligência e da bondade pura, de tal modo que, ao final, este livro, como tantos outros, o afogará em seus próprios preconceitos, em vez de guiá-lo (e a mim também) em direção a um pouco mais de sabedoria.

Portanto, não é classificando os babacas que compreenderemos ou saberemos controlar melhor a maneira como eles surgem em nossas vidas. Sem dúvida, numa boa quantidade de filmes, comédias e romances, encontramos perfis com traços evidentes que permitem identificar os tipos, de tal forma que sua total falta de imaginação alimenta nos outros, como por magia, uma imensa criatividade. Mas isso reafirma minha intenção, pois a filosofia trabalha com conceitos, e não com personagens. Para fazer justiça a diferentes casos, eu planejei curtíssimos interlúdios, a fim de tornar visíveis as experiências que me vêm à mente quando trabalho na abstração. Mas não pretendo inventar nada aqui. Eu quero compreender.

Em resumo, ainda que isso seja muito raro em filosofia, proponho que você não tente definir os babacas com demasiada precisão. Deixemos que fiquem na nebulosa em que cada um reconhecerá os seus. Por sinal, sendo bem sincero, pouco me importa saber exatamente o que eles são, de onde vêm e de que maneira repugnante se reproduzem. Eu queria apenas que me deixassem viver em paz, e é precisamente aqui, no meu coração frágil que só deseja amar, que surge o problema, ou antes, que penetra mais dolorosamente a farpa. Os babacas não nos deixam tranquilos e se abatem particularmente sobre aqueles que gostariam de viver longe deles. É o segundo axioma deste livro: *os babacas nos assolam*.

 O mistério é exatamente esse. Como a babaquice avança, como é que se intromete, serpenteia e se aninha perfidamente até no interior do *sujeito teoricamente inteligente*? Para responder a essa pergunta, devemos começar de onde a inteligência para, e é por isso que ofereço a vocês, amigo leitor e bem-amada leitora, três observações que um autor mais hábil, embora menos sincero do que eu, teria guardado como conclusão, a saber: somos sempre o babaca de alguém; as formas da babaquice são incontáveis; o principal babaca está dentro de nós. Essas três observações são perfeitamente exatas, mas, quanto a mim, não me são de utilidade alguma. Exijo da filosofia técnicas conceituais precisas que me permitam superar as falhas de minha inteligência, o fôlego curto de minha generosidade que descubro a cada vez que, passando por essa porta à minha esquerda, vejo-me confrontado com a babaquice humana.

COMO CAÍMOS NAS REDES DOS BABACAS

―――

Existem alguns babacas que não querem encrenca com suas esposas, e algumas babacas que não querem encrenca com seus maridos, outros que não querem encrenca com seus filhos, outros com seus pais, outros com seus vizinhos, outros com seus colegas, outros com seus professores, outros com seus chefes, outros com as mídias, outros com seus clientes, outros com a polícia... E é recuando, tentando desesperadamente se evitarem uns aos outros, que os babacas entram em colisão.

Onde descobrimos que a babaquice é um dispositivo dentro do qual os imbecis nos capturam. E como orientar seu pensamento para começar a sair dessa situação.

Os babacas surgem sem aviso prévio, num momento em que você não esperava. Não estava preparado. Você desejava simplesmente fazer alguma coisa, deslocar-se para algum lugar, curtir uma paisagem, trabalhar ou aproveitar a vida – isto é, viver, simplesmente viver, seguindo tranquilo seu caminho. Mas a babaquice humana fez sua aparição. Agora, pouco importa se você estava de alto ou baixo astral hoje de manhã ou à noite: essa babaquice o irrita, ela o oprime. Se me permite ser mais preciso e um pouco dramático, diremos até que ela o fere. Mesmo que você deseje, por orgulho, manter-se acima disso, a babaquice o machuca. O simples fato de ela o ferir já o deixa contrariado; isso aumenta e envenena a ferida.

Deixemos de lado a presunção; ousemos olhar a chaga mais de perto. Em mil casos que encontramos na rua – o carro que não o deixa atravessar, o transeunte que dá um pontapé em seu cão ou que larga seus detritos no chão –, o babaca é aquele que falta com o respeito aos outros, que despreza o simples preceito do senso comum, que infalivelmente destrói as condições para vivermos juntos. Para dizer a verdade, sem mais delongas, a maior parte desses comportamentos são, em si, sintomas de problemas profundos que não dependem unicamente das pessoas em questão: condições de trabalho difíceis e precárias, uma indústria de lazer e de consumo desenfreado às raias da angústia, a destruição dos quadros que regulam as relações entre os seres... Para compreender inteiramente a situação, seria preciso levar em conta um processo segundo o qual não são somente os babacas que destroem as condições de vida social: há também uma sociedade doente que os produz. O importante é lembrar-se bem de que os fenômenos humanos possuem uma espessura específica, o que não impede, de fato, que haja babacas.

Aqui, então, temos uma primeira consideração importante: o babaca ou a babaca se definem, por conta de um comportamento que julgamos inadequado, como seres que identificamos, ainda que momentaneamente, situados num nível inferior de uma escala moral em que, sem sermos perfeitos, nós mesmos nos situamos – em nosso esforço comum para nos tornarmos seres humanos realizados.

Antes de examinar mais profundamente a questão, convém afastar sem demora uma objeção. Já que somos sempre o babaca ou a babaca de um outro (ver o capítulo anterior), será que temos de fato o direito de dizer a alguém que ele(a) é babaca? Considerando que, aos seus olhos, provavelmente somos nós que o somos... Por sinal, quem sabe definir o que é um ser humano realizado? Aprofundando este raciocínio, a babaquice não existiria, porque é relativa, assim como os critérios de valor sobre os quais se sustenta, os quais dependem inteiramente de um ponto de vista individual. Nesse sentido, ela não refletiria nada senão as preferências íntimas, válidas apenas para cada indivíduo. E daí? Esse relativismo não me assusta. Admito de boa vontade que nós somos todos o babaca de um outro, mas isso não significa que todos os babacas se equivalem. Pelo contrário: visto que cada um fornece sua própria avaliação da babaquice, a confrontação entre as avaliações produz necessariamente acordos e desacordos. Assim, na situação local e urgente que é o objeto de nossa análise, o babaca ou a babaca é aquele ou aquela que a maioria dos outros concorda (apesar das variações) em considerar como tal: isso significa que a babaquice objetiva não é aquela que existe no Absoluto e que precede as avaliações subjetivas, mas aquela que é produzida pela sobreposição dessas avaliações, de modo que se possa dizer que a objetividade se define na interseção de todas as subjetividades, como aquilo que lhe é comum. No entanto, não é porque a babaquice é relativa que ela não pode receber um valor de verdade; ao invés disso, ela exprime precisamente a verdade das relações. Concluo então, mais uma vez, que podemos considerar que existem realmente babacas que, mesmo localmente, mesmo momentaneamente, têm *menos* êxito que outros em nosso esforço comum para nos tornarmos humanos. E embora cada um difira parcialmente nos detalhes, estimo que isso seja do conhecimento de todos.

Só que neste ponto se produz uma curiosa anomalia. Na situação que acabamos de descrever, aqueles que se acham, por assim dizer, no papel de testemunha diante da babaquice deveriam se encontrar numa posição superior: se alguém é identificado (mesmo momentaneamente) como relegado, pelo seu comportamento, à parte baixa da escala moral que avalia nosso esforço no sentido de uma realização humana, isso deveria significar que os outros se acham acima. Portanto, no caso de uma pessoa que se comporta de maneira abusiva, contraproducente ou perigosa, deveríamos tirar vantagem de nossa posição superior para passar à ação, restabelecer sem dificuldade a situação e, sem nenhuma raiva, impedir o babaca de causar danos. Contudo, não é isso que ocorre. Por que não? Porque a fraqueza ou a inferioridade moral não explicam totalmente a babaquice. É preciso observar uma segunda determinação importante: a babaquice não é apenas fraqueza, ela é feiura. Ela se define como a face repulsiva da fraqueza humana.

Por aí, o verdadeiro problema começa a ganhar forma. Perplexos com a surpresa de ter de julgar um ser como inferior (com *mais ou menos* razão, mas nunca *sem razão*), somos igualmente surpreendidos ao perceber em nós uma espécie de repulsa, desprezo ou nojo que nos pega justamente desprevenidos. Nós sabemos, sentimos que valemos mais do que o desleixado que não aciona a descarga nos banheiros públicos, ou que a baronesa que acha que tudo lhe é permitido porque ela tem dinheiro; e, no entanto, nosso valor não basta para nos levar a triunfar sobre essas babaquices. Longe disso! É em proporção à nossa exasperação com eles, em proporção ao nosso desejo de deixá-los sós ou fazê-los desaparecer de nosso mundo que nós os distinguimos precisamente como um babaca ou uma babaca – seres que criam em torno de si um refluxo de benevolência e de amor. Assim, ao mesmo tempo que a babaquice se baseia num julgamento moral formal, ela instaura uma relação afetiva – em outros termos, uma emoção –, por definição, negativa, que nos dá sede de renunciar à nossa comunidade humana por um reflexo epidérmico, um excesso de impaciência que nem queremos mais saber se é saudável ou suicida. O que quer que façamos, nós detestamos os babacas – *stultitia delenda est*.

Então é acionado um estranhíssimo dispositivo – que pretendo descrever diversas vezes, empregando diferentes imagens, a fim de evitar diferentes armadilhas. Estávamos, digamos, reunidos em torno de uma chata ou de um cretino que envenenava nossas vidas, e concordamos em colocá-los abaixo de nós mesmos... Mas, no momento em que eles começam a nos provocar repulsa, começamos a perder, por nossa vez, a disposição para a empatia. Sim! Quanto mais você constata e sente que um babaca é um babaca, mais você perde seu poder de benevolência, mais se afasta de seu próprio ideal humano, e mais você transforma a si mesmo... em exata proporção... num ser hostil, quer dizer, num babaca (a prova é que, particularmente, você se torna o babaca ou a babaca do babaca). É claro! Pois tudo o que esse boçal faz o machuca... porque você quer, de alguma forma, não se ver diante desse lixo... porque seria preciso salvar seu próprio bem-estar... Então, o outro o deixa nervoso, o enoja... Contudo, quanto mais você recua, mais ele o insulta... e então você recua ainda mais... porém, acaba submergindo ainda mais profundamente no desprezo que sente... Como não detestá-lo, o outro, visto que é justamente culpa dele! Porém, quanto mais você o detesta... mais você afunda.

Essa areia movediça ilustra um processo que nos indica, concluindo este segundo capítulo, por que é tão difícil progredir diante dos babacas. De fato, as impressões oriundas da imperfeição humana consistem imediatamente numa postura que rebaixa e diminui não somente o ser que se observa do exterior, como a um objeto, mas também o sujeito da observação, o pretenso espectador. Isso significa que é estruturalmente impossível ser uma simples testemunha da babaquice. É de fato contraditório que a babaquice o deixe numa posição neutra: a avaliação que lhe permite identificar a babaca ou o babaca já o leva a tomar partido contra eles. Além disso, essa carência de neutralidade não o deixa sem danos; ao contrário, seu julgamento significa, em si mesmo e imediatamente, a diminuição do amor e da benevolência que você é capaz de demonstrar aqui, agora, a essa idiota ou a esse paspalhão. Dessa forma, se os babacas provocam tamanha calamidade, é nisso que eles constituem um problema dinâmico que, tão logo é colocado, destrói as condições da própria solução. É a partir disso que concluo a primeira das frases que chamo de "decalques", pois elas são especialmente recortadas para que os mais jovens as pintem sobre os muros, em caso de urgência – e para que você as cole no interior de suas pálpebras para jamais esquecer:

---

1 | Você não é o professor dos babacas.
Transforme as situações,
não as pessoas.

COMO SE RECUPERAR DE SUA ESTUPEFAÇÃO

– Bom dia... É uma praia magnífica, não é mesmo?
– É...
– É incrível essa impressão de vastidão, de espaço...
– ...
– Eu entendo que você tenha trazido alto-falantes, é bem agradável escutar a própria música.
– É...
– Pois é, eu também gosto, eu trouxe meus fones de ouvido. Mas... Eh... A sombra do nosso guarda-sol não o incomoda?
– Eh... Não. De qualquer maneira, o sol logo muda de lugar.
– Mas será que você poderia ir... enfim, talvez um pouco mais para... seria mais agradável para todo mundo... se você...
– Se eu o quê?

*Onde descobrimos o raciocínio inconsciente
que o leva a confundir o sofrimento e o mal;
e por que os babacas são eventos como os outros.*

O ciclo a que chamei de areia movediça consiste no fato de que não existe uma constatação da babaquice: devido a seu caráter extremamente contagioso, os babacas transmitem a babaquice de imediato, ou quase. Identificar um é começar a se tornar outro, pois isso significa perder seu sangue frio e suas capacidades de análise. Portanto, quanto mais você se debater para escapar dos babacas, mais você ajudará um deles a nascer – dentro de você. Situação de pesadelo, mais repugnante que um filme de ficção científica, que explica e esclarece sua reação de pânico.

O esforço para romper esse ciclo deu lugar a certo número de observações filosóficas, religiosas, mitológicas, literárias, artísticas e outras. Para resumir bem sinteticamente, não passou despercebido para ninguém, entre os humanos, que temos tendência a amar as pessoas amáveis e a sorrir para aquelas que nos sorriem: mais uma vez, trata-se de um ciclo – agora, virtuoso – em que o fenômeno que chamamos de amor (ou, se preferir, de benevolência) é capaz de se retroalimentar a partir da interação entre os elementos. Mas, já que a babaquice desencadeia o fenômeno exatamente inverso e nos leva a uma retroação de hostilidade, a solução deve necessariamente consistir numa inversão da dinâmica afetiva.

A saída para o impasse consistiria então em simplesmente inverter a situação para, conforme lemos algumas vezes, responder ao ódio com o amor, perdoar as ofensas, subverter nossas próprias representações, dar a outra face. Enfim, sorrir para o maldito panaca que irrita seus nervos, porque somente sua própria generosidade poderá ajudá-los – você e ele – a reconquistar uma melhor humanidade.

Infelizmente, essa proposição, que chamarei de *sobressalto*, comporta uma dificuldade que todo mundo experimenta. O sobressalto moral supõe, de fato, contrariar todas as forças que se inclinam no sentido do conflito – portanto, interromper a lógica das causas e dos efeitos; resumindo, pôr um fim ao curso das coisas para orientá-las no sentido inverso. Ora, isso parece não apenas dificílimo, mas até logicamente absurdo. Onde, eu pergunto, você encontraria forças nem que fosse só para dar uma cúmplice piscada de olho ao babaca que o despreza ou sorrir para a cretina que arruína deliberadamente todas as suas iniciativas? De onde poderá vir esse acréscimo de força diante da babaquice, já que acabamos de defini-la precisamente pela sua propriedade de expansão – em outras palavras, pela maneira como ela reduz suas forças morais? Na realidade, chamar ao sobressalto pressupõe aquilo que o próprio sobressalto deveria gerar; isto é, que ele sempre atribui a você a força de fazer o que deve fazer *de direito* – mas sabendo que, *de fato*, você não tem essa força.

É por isso que o sobressalto, pouco importando em que tradição apareça, procede sempre de uma lógica da santidade e da graça: ele supõe uma força que o supera, que não é totalmente você, talvez nem totalmente humana, suscetível a substituí-lo quando você não se mostrar capaz. Nessas condições, para estar em posição de realizar o sobressalto, é preciso aprender a se passar pelo mediador de uma potência maior do que minha, maior do que a sua e talvez mais do que humana. Chame isso de Deus, deuses, espíritos, sentido da História ou qualquer outra virtude moral, inspiração artística ou potência racional, será sempre preciso que a força suplementar que permite efetuar o sobressalto venha de algum lugar, e esse lugar só pode estar *em outro lugar* (quer dizer, nem em você nem em mim e ainda menos nos babacas).

Muitos homens e mulheres de bom coração escreveram sobre essa questão; não quero me deter nela. Basta-me chamar atenção para o principal aspecto, a meu ver, sob o qual a ideia do sobressalto comporta uma proposição interessante, para não dizer genial. De fato, além de exprimir um desejo piedoso, ela permite apresentar o dispositivo da babaquice sob uma perspectiva que nem precisa contrariar as forças para se fazer inverter. Veja como.

Como eu já disse, a babaquice nos inflige uma ferida que nos enfraquece moralmente; no entanto, apesar de nossa primeira impressão, isso evidentemente não significa que ela nos prive absolutamente de nossas forças. Certamente, a babaquice, por definição, nos faz mal, e os babacas causam danos, com mais frequência, a eles mesmos. Mas isso não significa que a babaquice seja *absolutamente* um mal: há aqui um efeito de ampliação e de exagero. Na verdade, *fazer mal* e *ser um mal* são duas coisas diferentes, que até o momento deixamos confundidas sob o efeito do pânico. Os babacas fazem as coisas mal (esse é o julgamento que podemos produzir graças à nossa inteligência) e, ao mesmo tempo, eles nos fazem mal (essa é a determinação afetiva que descreve a relação entre os babacas e nós). Mas não podemos deduzir, dessas duas evidências, que os babacas encarnam uma determinação do mal absoluto universal. Entretanto, admita, é o que está pensando! Mas a noção do *mal* considerado no absoluto é uma determinação que não leva em conta as relações; ela deve valer independentemente do ambiente onde é exercida. Ora, sem debater a consistência dessa noção, você precisa reconhecer que sua dor local (nascida do fato de seu ou sua ex o importunar por causa do antigo aspirador, ou de seu colaborador o fazer repetir cem vezes a mesma coisa sem seguir suas orientações) fez com que você passasse mentalmente de um contexto relativo – a ação particular do babaca e sua reação particular à existência dele – a uma afirmação incondicional – *stultitia delenda est*: é preciso absolutamente destruir a babaquice universal e, se possível, aniquilar esse babaca. Essa derrapagem mental é o que chamamos uma indução, pois se passa do particular ao geral, e essa indução é equivocada. Por meio dessa operação lógica inconsciente, o germe ou o vírus da babaquice se introduz em você. Na realidade, você afirma como sendo verdade absoluta uma verdade que é apenas relativa, e se coloca (inconscientemente, é claro) na posição de juiz do Universo; ora, considerar sua própria opinião como algo absoluto é uma das definições subjetivas do babaca, a imagem divina que ele tem de si mesmo.

Pois bem! Agora você está pronto para admitir que, apesar de seu sofrimento, não pode deduzir absolutamente que a existência do babaca seja um mal (refiro-me aqui à babaquice, não aos crimes). Essa consideração tem uma grande vantagem: permite congelar a situação que descrevi um pouco antes como areia movediça. Isso porque acabamos de descobrir que ela é menos provocada pela interação entre as pessoas do que por uma espécie de perplexidade que você sente no momento em que é ferido (chocado) pelo comportamento de alguém, causando-lhe vertigem ao fixar sua atenção sobre o ferimento. Sim, o ciclo vicioso estabelecido entre os babacas e você foi sustentado por um outro ciclo, dentro de você mesmo, pelo qual sua força e sua benevolência se dividiram e se perseguiram mutuamente: porque se sentia mal, você consideraria a existência do babaca como um mal, ou, se preferir, como um infortúnio. E é por essa razão que coloquei este capítulo sob o signo da "estupefação". A areia movediça é uma ilusão que se autoalimenta dentro e através do pânico. Posto que não sabia como se safar, você estimou que não seria possível fazê-lo de outro jeito senão destruindo, seja o babaca, seja sua babaquice. Esse encadeamento de pensamentos é natural e necessário, mas conduziu sua reflexão a um beco sem saída, por ser pura e simplesmente incorreto.

A irredutível negatividade da babaquice aparece antes como um evento que, como qualquer outro, não é um mal *em si*, ainda que seja um sofrimento. Ora, um evento, como todos sabemos, tem sempre um caráter ambivalente; pode acabar bem ou mal; não é determinado antecipadamente, ainda que seja enredado pelos laços de causalidade; definitivamente, um evento é a realidade quando ela surge nua e flácida como um recém-nascido, disponível à mudança. E quando se trata de um babaca que o atormenta com suas observações sórdidas ao longo do dia, esse imbecil está obviamente mais do que disponível: ele constitui, sem equívoco, uma espécie de convite. Sim, ele chama por você. Mas não o chama à violência (isso o lançaria na areia movediça) nem à santidade (se bem que... se for capaz, não hesite): ele o chama ao desafio. E, nesse ponto, você deve ver nele a ocasião de dar prova desse valor moral ao qual você se refere, com exatidão, quando diz que se trata de um babaca, e que, em seu esforço para se tornar humano, você procura atribuir a si mesmo. A partir disso, eu concluo que:

> **2** Lá onde a babaquice acontece, seu valor deve surgir.

COMO PASSAMOS DO ERRO À SORTE

Entre os babacas, há os que descarregam sobre os outros suas frustrações acumuladas, que cobrem todo o universo de críticas, que nos inundam de maledicências, que se deixam fascinar por todo o mal, pela quantidade propriamente infinita de mal que são capazes de dizer dos outros e que, pela única razão de você não ter dito uma palavra sequer, acabam achando-o absolutamente encantador. Mais tarde, quando tiverem de novo fabricado sua bílis, irão em busca de outro interlocutor, sobre quem derramarão todo o mal, a quantidade propriamente infinita de mal que pensam dos outros, e a quem poderão contar como, por quê e a que ponto você os decepcionou.

*Onde descobrimos que a babaquice não tem espectadores, apenas cúmplices.
E que é devido a isso que ela não nos deixa indiferentes, e que desejamos agir.*

Se você não leu as páginas precedentes sem nada entender, concordará que qualquer babaca é um ser inferior, mas que isso não constitui uma razão suficiente para que você se desespere com o Universo inteiro. Então, superado o efeito do pânico, você entenderá, agora, que um babaca cria ao mesmo tempo, entre você e ele, um diferencial moral (pois ele é inferior), lançando um desafio (por meio de um enfrentamento desse diferencial), e que, pela sua própria babaquice, dá a você uma vantagem que o coloca acima dele. Compreendendo isso, você terá retomado o controle de seu futuro. E se não se sentir, a partir de agora, em posição de força, leia novamente estas dez últimas linhas.

Agora, por mais que desagrade aos místicos da graça e aos voluntaristas do mérito moral, você não precisa recorrer a mais força do que já possui; porque, agora que aprendeu a distinguir o mal relativo do mal absoluto, você entende que quanto mais um babaca é um babaca, mais ele exige aqui e agora, de você e de mais ninguém, uma resposta adaptada para impedi-lo de causar danos. Neste momento, pouco nos importa que ele insulte a humanidade. Percebemos agora que ele é, *absolutamente*, esse exato imbecil que desafia, neste instante, sua própria humanidade. Essa mesma humanidade, sim, que você deseja realizar em si mesmo.

Assim, a noção de *desafio* ajuda a rever inteiramente nossa primeira descrição e a sair da areia movediça de uma vez por todas, sem passar por um sobressalto. Não se trata somente de relativizar a babaquice; trata-se de liberar sua atenção da parte negativa da interação (a saber, a babaquice do babaca), que, por efeito de estupefação, o envenena e põe em funcionamento um ciclo de rejeição que transforma você mesmo num babaca ou numa babaca. Sem nada mudar inicialmente, basta focar outra vez sua atenção sobre a única coisa que interessa: o desafio que todo evento lança à sua humanidade. Falo do desafio para ressaltar a dimensão pessoal e íntima que constitui essa interpelação. Não se trata apenas de uma ocasião aberta por acaso à sua ação, mas de alguém – mesmo que se trate de um desconhecido que você nunca viu e que jamais voltará a ver – que se dirige a você, unicamente a você.

Você sabe agora que a primeira coisa a se pensar, ao se deparar com um babaca, é estar plenamente consciente de que ele mesmo está se afundando na areia movediça (qual? não importa) e que, nessas condições, você é, de certo modo, a única esperança de nossa ascensão comum em direção ao humano. Para não afundar também, é preciso entender que um babaca ou uma babaca testemunham uma falha – ou, em outras palavras, uma anomalia – na concepção que você tem da humanidade. E essa concepção, quem deverá defendê-la, senão você? É por isso que cabe a você, e somente a você, reconstruir a paz e a concórdia. É óbvio! Você não pode esperar que isso parta dele ou dela, posto que são babacas. Consequentemente, quanto mais eles são babacas, mais você deve ser sábio, isto é, trabalhar para compreender as coisas e mudá-las.

Enquanto o sobressalto supõe um excesso de amor que só pode ser encontrado nos grandes princípios (o amor de Deus, a harmonia universal, a razão, o pragmatismo, a força etc.), a noção de desafio o incita, entretanto, a particularizar a abordagem do fenômeno a ponto de tomá-lo *exclusivamente* para si – como se o babaca, sim, fosse uma carta lacrada em seu nome, e só você devesse abri-la. Alguns dirão que o destino a envia a você; outros, que é Deus quem a envia. Quanto a mim, afirmo que a babaquice não tem testemunhas, o que quer dizer o mesmo, pois significa que, quando um babaca aparece, você não o observa do exterior, você não é o *pretenso espectador* que acredita ser. Você pode me dizer que não tem nada a ver com a babaquice dele; e eu respondo que tem, sim, pois é você quem a percebe. Nesse sentido, mesmo que isso lhe cause repulsa, o babaca e você, juntos, formam um time.

É por não admitir o que acabou de ler que seu pensamento cometeu, diante de um babaca, um perigoso erro de indução, que consiste em apagar as singularidades da situação. Porque, para concluir a fórmula pela qual quero que você desperte de sua hipnose e volte a si mesmo, aqui está o grande escândalo: *se a babaquice não tem testemunha, é porque ela só tem cúmplices*. Sei por experiência própria que essa ideia é revoltante, contudo precisamos extrair de nossa carne viva o espinho que nos fere tão profundamente. Então, é chegada a hora de reorientar sua atenção para seu próprio papel nessa situação.

Porque o que o enfurece, o que tinge *inutilmente* de fúria sua revolta, é uma ideia de responsabilidade pela qual você quer se livrar da babaquice do babaca. Você pensa que não cabe a você resolver esse conflito, já que não foi você quem o criou. Você supõe que, dando o primeiro passo no sentido do apaziguamento, estará aceitando a sugestão ardilosa de que você seria um pouco culpado pela babaquice do outro, de que tudo isso é um pouco culpa sua, considerando que cabe a você tomar a iniciativa de paz.

Muito bem! Sua resistência é justificada. Eu concordo, apenas o babaca é moralmente responsável pela própria babaquice. Aliás, sim, os babacas estão sempre na origem dos conflitos, e a babaquice vem só deles. Mas você se engana ao dar importância a isso. Porque, agora que esse traste apareceu na sua vida, não adianta mais se lamentar. A culpa pode ser dele, se você fizer questão, mas a vida é sua. Sua atenção deve então se limitar *exclusivamente* à situação que lhe diz respeito, a fim de identificar sua margem de manobra e escolher as estratégias mais eficazes. Você entende? O evento surgiu na sua vida, e nesse momento ele o interpela; concordo que seja no mínimo surpreendente (lamentável e, ao mesmo tempo, cômico) que o Grande Desafio da existência tenha adquirido a aparência e a voz desse pateta, desse miserável; entendo que você queira desprezar tudo isso. Mas você ignora que os heróis devem *sempre* derrotar os monstros fedorentos? Pare de falar de injustiça para convencer a si próprio de que as cartas do baralho foram mal distribuídas. Renuncie à ideia de que esse tolo não tem lugar na sua vida, pois é exatamente o contrário. Ele se dirige a você, justamente você, e agora cabe a você demonstrar seu valor.

Essa consideração conduz a uma redefinição de sua própria posição, mas também de seu campo de manobra. Pois não lhe interessa mais destruir o babaca. Ele existiu antes de você e continuará provavelmente existindo em outro lugar. No que lhe diz respeito, o objetivo se limita a impedir que haja danos. Isso pode significar fazê-lo sair materialmente de sua vida – o que nem sempre é possível. E está mesmo, por vezes, fora do alcance impedi-lo completamente de causar danos. Mas entenda que a questão para você agora é determinar, com precisão, o tabuleiro de jogo cujas peças você poderá reconfigurar. Inclusive no caso de, por razões hierárquicas, você não poder atacá-lo diretamente.

A partir desse momento, o babaca está, sem dúvida, arruinando o ambiente e pisoteando aquilo que você considera importante; ele está, *também* e *por causa de*, oferecendo-lhe uma ocasião de ouro para mostrar o quanto você vale. Não seja brutal, nem cego ou precipitado. É agora que você pode mostrar sua inteligência e seu tato: essas qualidades só servem para isso, é *com ele* e *por ele* que elas ganham sentido. O valor humano simplesmente não faria sentido algum se não houvesse, de vez em quando, encontros infelizes que nos impusessem aplicá-lo.

Em virtude da ambivalência axiológica de todo evento, e do entrelaçamento recíproco do sujeito e do objeto, a babaquice dos outros deve então ser imediatamente compreendida como uma ocasião favorável, necessária, oportuna ao seu próprio desenvolvimento moral. Ela é, por sinal, maravilhosamente adaptada à sua situação – já que você está aqui –, e à de mais ninguém. Nesse sentido, concluo agora que os babacas são, justamente, uma chance, e é por isso que insisto:

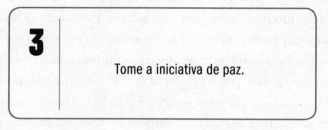

3 Tome a iniciativa de paz.

RECAÍDAS NA EMOÇÃO

Os babacas que pretendem se impor pela sua memória e pelos seus conhecimentos sofreram seriamente com a invenção dos smartphones. Podemos vê-los, infelizes, cruzando os salões como dinossauros após uma glaciação. Nada há de mais doloroso do que ver o interlocutor deles, enquanto sustentam uma opinião sobre o Antigo Oriente ou as instituições americanas, sacar o maldito objeto para verificar na Wikipédia: a impressão é a de ver um caçador abater um animal de uma espécie ameaçada de extinção. Infelizmente, por um efeito de ecossistema bem conhecido pelos biólogos, o desaparecimento dos babacas *sábios* caminha junto com a proliferação dos babacas *com experiência*. Basta ver o prazer com que eles citam nomes de países e cidades onde estiveram, de pessoas que conhecem ou que conheceram, toda essa potência, todo esse prestígio que você deve aceitar que ostentem sem razão, porque eles não assimilaram aquilo com o que querem surpreendê-lo... Exibicionistas desesperados, que se gabam sem abrir seus sobretudos, corroídos antecipadamente pela vergonha daquilo que se obstinam a *não fazer*.

Onde discutimos o excesso de emoções de uma maneira tão profunda que dá uma ideia elevada do autor, e também de si mesmo.

Infelizmente, a análise precedente só o convenceu em parte. Claro, você entendeu que é importante relativizar cotidianamente sua noção de mal, o que consiste numa operação lógica que congelou a espiral afetiva. Você admitiu que o babaca não é um mal, mas um sofrimento, e que é nesse terreno que se deve combater; e que, passando do erro (do babaca) ao desafio (para você), você conseguiu concentrar sua atenção – isto é, você não pensa mais no que o babaca ou a babaca o fazem perder – seu tempo, sua paciência, seu sangue frio, sua confiança em si mesmo, sua alegria de viver... –, mas no que ele/ela o convida a encontrar: os meios de provar aqui e agora sua paciência, seu sangue frio e sua alegria de viver.

No entanto, pressinto, é difícil para você admitir que a cobra que traiu seus segredos ou o cretino que faz um churrasco sob sua janela sejam autênticos *presentes* em sua vida. Entendo, mas vou mostrar por que você se engana. (Note que conduzo essa reflexão também para mim, pois meu babaca pessoal, de uma maneira totalmente ingênua e, por assim dizer, instintiva, parece decidido a me estragar a vida – inclusive, o que é extraordinário, no exato instante em que escrevo estas linhas.)

Para avançar, é preciso incorporar à nossa reflexão o caráter inelutável das recaídas. Os corações mais generosos sabem disso: uma vez que conhecemos os princípios gerais da filosofia moral – ou, se preferir, os caminhos da sabedoria –, basta que um babaca avance o sinal vermelho e amasse o carro dele contra o seu, vociferando injúrias, para que toda a sua habilidade lógica se evapore de repente. Isso também é estrutural: sabemos que quase todos os nossos males são relativos – portanto, compreendidos como desafios –, consequentemente, representam chances para nossas vidas; mas, na realidade, a cada vez que a prova recomeça, a cada vez que um sofrimento, ainda que tênue (pois, francamente, que importância tem um carro?), afirma-se absolutamente, nós imediatamente confundimos tudo de novo, e mais uma vez a babaquice consegue nos desestabilizar. Eu já disse, desde a introdução: quase sempre a babaquice vencerá. Essa é uma razão suplementar para não se render.

Daqui para a frente, chamarei o que acabo de escrever de *efeito fogo de artifício*. Esse efeito consiste no fato de, sob o impacto de uma emoção qualquer (para falar a verdade, até mesmo a alegria e o amor produzem esse efeito), a quantidade de coisas que você é capaz de levar simultaneamente em conta se reduzir proporcionalmente à intensidade ressentida. Quanto mais a emoção é vívida, mais profunda é a obscuridade em torno dela. A cada novo impacto, seu campo de visão diminui, e o evento local ganha um valor absoluto, como se nada jamais houvesse existido de mais luminoso nem mais brilhante do que ele. Não basta dizer que o sofrimento nos impede de pensar; esse efeito desempenha um papel central em sua repugnância em dirigir sua palavra aos babacas, pois ele reconduz sua atenção para a babaquice deles.

Os efeitos das emoções e o trabalho que elas demandam são geralmente mal compreendidos, porque uma grande parte dos filósofos e seus herdeiros têm tendência a privilegiar um discurso de controle. É preciso admitir: há aí uma ideia excelente. Quando sua exasperação contra a cretina ou seu desprezo pelo palerma explodem, é indispensável que essa explosão seja limitada – óbvio, não por caridade, e ainda menos por gentileza! Mas a deflagração causada pela força emocional pode avariar aquilo que lhe é precioso; em outras palavras, entrar em conflito com seus próprios interesses. Você me dirá mais uma vez que é o babaca ou a babaca que provoca tal deflagração? Não. Da mesma forma que o fogo de artifício não é responsável pela noite. Por outro lado, se você soltar as rédeas das emoções, elas terão os meios, sim, de causar enormes danos a você e ao seu entorno.

Em virtude dessa força explosiva, as emoções nos aparecem inicialmente como forças de desordem; e os babacas são, eles próprios, fatores de desordem; portanto, há uma grande sabedoria em, conforme eu já disse, incitá-los a retomar as rédeas de suas emoções. É o único meio de recuperar o poder sobre os babacas – algo indispensável para que o Universo resgate aquilo que você considera como sua progressão natural, ou para que, pelo menos, você tenha um pouco de paz.

Todavia, a noção de controle sugere que seria necessário opor à violência das emoções algo como uma força repressiva, como se a voz da razão pudesse calar as emoções. Contra a urgência do evento, seria preciso um pouco de recuo por parte

RECAÍDAS NA EMOÇÃO 49

da reflexão. Contra a intensidade do vivido, retornar à frieza do pensamento. Contra as limitações da subjetividade, adotar um ponto de vista objetivo. Há sensatez em tudo isso, e, como sempre acontece com a sensatez, uma grande parte de ingenuidade.

Todas essas proposições têm o inconveniente de apostar no dualismo entre duas entidades: uma ordem fixa, imutável e boa, e uma desordem, necessariamente má e destruidora. Meus alunos mais afobados revalorizam a desordem, atribuindo-lhe qualidades positivas. Mas o problema não é o valor dos dois polos, e sim o próprio dualismo. Trate de ser mais hábil. Não é difícil admitir que uma ordem viva é aquela capaz de acolher a desordem, e isso significa que a instância de controle não pode ser contrária à emoção. Mas, nesse caso, se admitirmos que essa função de regulação não pode ser alheia às emoções, isso implica que ela deve necessariamente vir delas; em outras palavras, as emoções são, elas mesmas, suscetíveis da autorregulação. Para explorar essa interessante sugestão, devemos reconsiderar o modo como as emoções se articulam em relação aos conceitos de ordem/desordem. Vejamos como.

Primeiramente, você admite que, embora as emoções ditas grosseiramente negativas – o medo, a tristeza, a cólera, o ódio – carreguem sempre a possibilidade de erro de julgamento, não é por isso que elas se reduzem, por enquanto, a erros de julgamento, ou seja, a puras determinações lógicas. Elas se identificam por estados frequentemente observáveis e mensuráveis – aumento da pulsação, suores, rubores, lágrimas etc. –, carregados de intensidade. Consequentemente, as emoções, por sua vez, devem ser aceitas como eventos, isto é, como desafios de segundo grau. Da mesma forma que a existência dos babacas, a existência do ódio, da cólera etc. deve ser acolhida, não como um erro, mas como um fato. Você terá, então, não apenas que *se virar* com a existência do cretino que se recusa a recompensar seus esforços com um gesto que não lhe custaria nada, mas, além disso, terá que sobreviver às emoções que ele inspira. Para trabalhar corretamente, aliás, é preciso inverter as coisas: primeiro, acertar as contas com suas próprias emoções. Em seguida, cuidaremos desse escroto.

Uma vez admitida sua soberana existência de eventos, poderemos continuar a sustentar que as emoções são quase sempre excessivas; portanto, que se situam efetivamente do lado da desordem. Mas, observando atentamente, essa ideia não vai longe. Pois as emoções só se tornam excessivas, por definição, quando atravessam o limiar; ora, para que haja um limiar, faz-se necessário que alguém ou alguma coisa o tenha definido previamente, sem levar em conta a emoção; assim sendo, o limiar supõe, ele mesmo, uma instância exterior. Isso nos indica que as emoções se tornam excessivas sempre que (e se, somente se) uma instância de controle vier irritar e exacerbar sua força soberana. Ilustro com um exemplo: você sabe que é melhor para você mesmo não insultar ninguém – nem mesmo os bocós. Então, a emoção que sente no momento em que se confronta com um imbecil se choca naturalmente com a representação mental do dever de reserva ao qual você não vai querer faltar. Quanto mais essa força encontra em você um obstáculo, mais ela se transforma em violência. Isso não significa que se deva afrouxar as rédeas e insultar todos os babacas que vierem pela frente, mas sim que é preciso achar um meio de expressão adequado à força que o atravessa. O essencial, aqui, é compreender que a associação imediata entre a emoção e a desordem, a emoção e a irreflexão, a emoção e o excesso não se baseia na natureza da emoção, mas numa interferência exterior a ela, de modo que nada disso (desordem, irreflexão, excesso) ocorre diretamente. Para dizer de forma imagética, quanto mais você opõe suas paredes aos ventos, mais você aumentará suas chances de que tais ventos as destruam; isso não viria da força destruidora do vento, mas da força destruidora do imbecil que ergue as paredes.

Em vez de culpar suas próprias emoções, convém enfrentar a verdadeira dificuldade, que consiste em encontrar para elas uma expressão correta. Por correta, quero dizer que seus gestos e suas palavras devem responder ao desafio de *esgotar* a força das emoções, exprimindo-a inteiramente, até a saciedade. Será preciso também que essa expressão seja *adaptada* a seu ambiente, que ela assuma uma forma que permita às suas emoções não serem rejeitadas ou negadas pelo exterior, mas acolhidas e compreendidas, e, se possível, que melhore suas interações no futuro. Se por acaso você achar um pouco parvo ou bem-pensante esse esforço para aliviar a emoção e para adaptá-la às circunstâncias, será porque leu minha proposição adotando o ponto de vista de uma instância de controle. Eu garanto, todavia, que você aliviará seu coração como alivia seu intestino enfermo, e nós o faremos de modo que os babacas engulam tudo até a última gota.

---

4 | Não lute contra a emoção.
Esgote-a.

COMO A IMPOTÊNCIA GERA O DEVER

Existem babacas ao mesmo tempo semelhantes a elefantes e a taças de cristal. Eles inspiram em você, ao primeiro aperto de mãos, uma aterradora impressão de risco. Sabemos, desde o início, que é preciso tratá-los com indulgência; esquivamo-nos dos conflitos a praticamente cada frase, a cada olhar; de um encontro a outro, esse equilibrismo prossegue, sem que estejamos jamais seguros de seus próprios sucessos; então, chega o dia em que tudo desaba. Contemplando as coisas que eles quebraram em mil pedaços, fazemos a experiência do irreparável – uma das mais dolorosas, uma das mais fascinantes de todas. Certos filósofos, num espírito de consolação, garantem que o irreparável era, no fundo, inelutável; mas trata-se de uma doce mentira. O irreparável acontece quase sempre por acidente. E é isso precisamente que define os babacas: eles tornam os acidentes inevitáveis.

Onde descobrimos que a postura moralizante diante dos babacas se baseia num sermão implícito, que esse sermão traz consigo uma manipulação e que essa manipulação os condena à insatisfação.

As análises precedentes permitiram levar o problema às suas justas proporções: o desafio, aqui e agora, de um babaca ou de uma babaca que estraga sua existência. Esse desafio orientou seus esforços na boa direção, isto é, não contra suas emoções, mas com elas. Agora, podemos voltar aos fatos, ou seja, aos atos pelos quais os babacas o atormentam e merecem seu desprezo, para então determinar como reagir.

Para começar, chamo expressamente sua atenção para um ponto: embora existam seres repugnantes em todos os sentidos, ser um babaca – assim como ser um sábio – não é a essência de ninguém; trata-se de uma maneira de agir. Então, é inútil brincar com as palavras observando que o termo "babaquice" se emprega em dois sentidos e designa, ao mesmo tempo, o ato que a produz (uma babaquice, portanto) e o predicado moral que você lhe atribui (a babaquice).

Ninguém nasce babaca, ainda que haja babacas inveterados. Consequentemente, você admite que fazer uma babaquice e ser um babaca são duas expressões que significam exatamente a mesma coisa. É por isso que – e é o que me interessa – a resposta mais comum à babaquice consiste em se concentrar sobre o ato considerado isoladamente e em decidir entre o que você é – ser humano – e o que os babacas, em sua babaquice, *não são*, mas *deveriam* ser: a saber, outros seres humanos.

Podemos então dizer que a cólera que lhe inspiram os babacas se articula imediatamente na representação do *dever*: eles criam uma ruptura entre o que fazem e a maneira como um ser humano realizado *deve* se comportar, ao menos segundo sua própria concepção do humano. Por ora, não discutirei essa representação, nem a extensão mais ou menos ampla de sua humanidade. Gostaria, primeiramente, de destacar certa postura moralizante.

Na verdade, quer sua reação se resuma a um jorro de insultos ou a uma vasta conferência improvisada, quer você grunha suas críticas ou rumine o assunto em seu foro interior, é sempre a mesma coisa: a babaquice em geral o leva a considerações que se resumem todas a um sermão ou a uma lição de moral. "Você está louco? Você está sendo babaca!" "Puxa, você se comportou que nem um babaca." "Vamos parar com essa babaquice!" Em expressões assim simples e sucintas, revelam-se, em todos os sentidos, maneiras de dar lições de moral. Durante uma operação tão rápida que se desenvolve inconscientemente, seu espírito confronta uma série de deveres morais que você associa à realização do humano e a um ato que não está em conformidade com esses deveres, e vocês batem um contra o outro como um macaco que quer inserir uma peça azul redonda dentro de um quadrado branco. Nada a fazer. Ela não se encaixa.

Entretanto, concordo com você, a atitude que consiste em avaliar os comportamentos numa escala de valores e em procurar compartilhar o sistema sobre o qual ela se baseia não é totalmente absurda. Na verdade, quando uma pessoa dá lição de moral a outra, ela tenta se apoiar na capacidade do outro de compreender certo número de regras e admiti-las como válidas, a fim de fazer reconhecer seu ato pelo que ele é. Pois se o babaca reconhece que fez uma babaquice, então, por definição, ele deixa de sê-lo. Nesse sentido, a tendência a lhe dar uma lição de moral nada mais é senão um esforço para separar o babaca (o indivíduo mesmo, entendido como agente) e sua própria babaquice (entendida como ato). Isso poderia ser, de alguma forma, um primeiro passo para uma reconciliação; você gostaria de encontrar nele um ponto de apoio, não um adversário – e para convencê-lo a passar para o seu lado, você lhe expõe, por assim dizer, as regras de seu mundo. Se ele as admite, vocês serão dois humanos confrontados, juntos, ao mesmo evento.

Dar lição de moral, portanto, é tentar transformar aquilo a que se identifica o outro. Trata-se de fazer de maneira que o babaca ou a babaca se dissociem do ato deles, que eles se identifiquem antes ao sistema de valor que você tenta defender, a fim de que, no futuro, a pessoa de comportamento inadaptado não o repita mais. Isso equivale a dizer que você faz um esforço para reorientar a construção subjetiva do outro, a fim de que ele coloque seu ato numa escala de valores em que, ao reconhecer seu erro, ele terá progredido. Rapidamente, você compreende que somente a adesão a um *sistema de valores* definido de maneira qualitativa permite formular uma comparação entre as pessoas em termos quantitativos (a mais ou a menos, numa *escala de valores*). O essencial é que todo discurso moralizador recorre à noção de um *dever* no qual nos empenhamos a fazer com que alguém reconheça que errou, esperando que, ao reconhecer esse erro, ele se mostre melhor daí em diante.

Ora, neste ponto se produz uma inversão totalmente espetacular. De fato, qualquer que seja a pessoa que fala, percebe-se que a noção de dever só pode se formular por meio de um estranho desvio; é claro, nas situações concretas, as interações reais podem se reduzir a insultos. Mas sob as asserções mais simplistas opera uma mecânica das representações que é possível revelar. Isso não transparece no que você diz realmente aos babacas; trata-se de um discurso implícito do qual nem você tem consciência, e que poderia ser expresso como:

você não agiu como deveria ter agido,
e não sou só eu que o digo, quem diz é mais do que eu

Quando a projetamos para o futuro, a formulação do dever torna-se mais ou menos assim:

se você não deve agir assim,
não é porque sou eu que estou dizendo
(N.B.: já me revelei impotente para evitá-lo),
mas porque uma outra coisa,
que não sou eu, lhe diz (pela minha boca)

Na postura que tento aqui articular em palavras, distingue-se uma mistura bem curiosa de jogo de espelhos e de projeção. Primeiro, o locutor se desdobra em duas entidades: ele é aquele que fala em primeira pessoa, mas que se refere também a alguma outra coisa (a lei do dever) que fala por meio dele. Em outros termos, seu discurso é construído para esconder a implicação daquele que fala, levando a prescrição que ele formula (*você deve* ou *você não deve*) a uma autoridade exterior. Por que essa postura moralizante deveria sempre se referir a alguma outra coisa? Simplesmente porque a palavra daquele que fala não basta para estabelecer o que ele diz como um dever verdadeiro: aquele que o detém não possui a autoridade visto que, mesmo aos olhos do seu interlocutor, na verdade, nesse instante, é ele o babaca.

Em seguida, vemos bem que essas asserções se dirigem a um destinatário que, por sua vez, também se desdobra em duas entidades. Há aquele que realmente fez uma babaquice, e a imagem fictícia do humano que fracassou em sê-lo.

Esta análise permite evidenciar um dispositivo de projeções imaginárias, na qual aquele que fala se projeta numa sombra que parece ser o seu duplo (um fantasma conceitual que deve supostamente falar pela própria boca), e ele se dirige a uma outra sombra (a saber, o homem que seu interlocutor não foi). Resumindo, diríamos: duas pessoas, lado a lado, de frente para um espelho – o homem que não sou se dirige àquele que você não foi.

Atenção! O fato de a moral supor uma projeção de si sobre o outro – e até mesmo um *si mesmo ideal* – não me parece problemática. Porque concordo com você: a humanidade estaria bem melhor se se compusesse exclusivamente de pessoas como você (no caso, meus leitores e leitoras). Realmente, estou convencido disso! Mas me parece indispensável identificar dentro desse sermão implícito uma manipulação fundamental, que consiste em uma dupla negação: de início, quando você formula os deveres de um outro, você fala e pensa como se não fosse você quem falasse e pensasse. Pretende formular uma lei incondicional do dever, enquanto é um absurdo que um ser humano possa formular uma verdade sem estabelecer primeiramente as condições de validade. Em seguida, você interpreta o ato de uma babaca ou de um babaca como se eles já tivessem perdido sua babaquice; dito de outro modo, você supõe que já exista aquilo que você deve produzir, ou seja, a transformação de um rato em um ser humano.

Essas observações não são tão difíceis de entender, pois, finalmente, a dupla defasagem que acabo de assinalar – um locutor (eu) que diz que ele não fala, a respeito de um objeto (você) que não é o que ele é – exprime nitidamente uma coisa. Ao adotar uma postura moral, você pode proferir insultos ou fazer um longo sermão; dará no mesmo: você tenta dizer alguma coisa que não consegue dizer, que não pode dizer, e que você diz de uma forma abominavelmente confusa, geral e mesmo aberrante, a ponto de precisar de um sólido hábito com as lógicas informais para poder enxergar com clareza. Assim, nada mais há a compreender, além do seguinte: em meias-palavras, qualquer um que dá lição de moral aos outros confessa autenticamente, a título pessoal, sua própria impotência. Se ele evoca o Absoluto e convoca toda a humanidade, é porque não consegue mais, por si mesmo, dizer o que quer de uma maneira satisfatória para ele e para seu interlocutor.

Consequentemente, o discurso moralizante é, na verdade, um canto típico do Grande Pânico, do qual tentamos nos libertar. Digo *canto* porque as palavras são quase desprovidas de significação. Diante das víboras e outros animais, seu sofrimento é tão intenso que sua força expressiva se divide, curva-se sobre si mesma e se exprime de um modo absurdo: eu não digo o que digo, o que pode ser interpretado como uma maneira extravagante de significar: *já não sei mais onde estou, seu canalha, tenha dó.*

Ao adotar certa postura, que consiste em permanecer travado, mudo, negado em sua própria palavra, todo sermão exprime, pois, um puro e simples pedido de ajuda. Mas perceba o absurdo: você pede ajuda a seu próprio adversário! E minando suas capacidades expressivas! A que pesadelo você está se deixando arrastar? Eu lhe suplico: desperte!

5 Abandone essa postura moralizante.
Pare de julgar. Agora!

COMO AS AUTORIDADES MORAIS ENTRAM EM CONFLITO

As companhias telefônicas, com suas frases prontas, permitem fazer a experiência de sua própria impotência com uma perspicácia extraordinária. Ao fim de uma longa espera entulhada de injunções repetitivas – "digite 0", "digite 1", "digite 1", "digite 1" –, os empregados, fragilizados, surpreendem-se com as perguntas que lhes são feitas, seja por falta de formação, seja por conta de uma autêntica impotência. Então, sua humilhação pelas coisas (que é de fato quase incessante durante a vida, mas à qual chamamos simplesmente de realidade) começa a refluir sobre si mesma – ela se transforma em *cólera* por ser impotente, o que, no fundo, é uma forma de vergonha. Durante esse tempo, seu interlocutor o entope com ofertas de serviços em promoção excepcional, e seu desejo mais sincero seria estrangulá-lo.

Em suma, como um cão ou uma raposa transmitem a raiva mordendo, a companhia telefônica o agarra pelo pescoço no momento em que vocês dois são impotentes. Assim, as empresas de telecomunicação nos remetem, com uma crueldade que ninguém mais ousaria, ao fenômeno que elas deveriam superar: a incomunicabilidade. Como todo esforço de comunicação, esses "serviços aos clientes" são *menos* destinados a resolver o problema do que a abafá-lo até a próxima conta mensal.

Onde estudamos o conflito de autoridade ao qual os babacas nos arrastam, e como apaziguá-lo.

Com muita obstinação, os babacas conseguiram nos fazer tropeçar nos princípios fundamentais da moral. Não tenha medo: uma das garantias de que você não é um deles é apreciar o prazer de pensar. Portanto, mesmo se nosso caminho se tornar mais exigente e o deixar desconfiado, acredito que você conseguirá suportar o que chamamos de *gozo filosófico* – que, *grosso modo*, consiste em atacar suas próprias defesas conceituais, penetrar nas fissuras e assim explorar novos horizontes.

Posto isso, admita a hipótese seguinte (que não estimo já demonstrada): nossa maneira de passar um sermão nos babacas, explicitamente ou não, seria o canto enraivecido de nossa própria impotência. Por extensão, a noção de um dever moral que se aplica a eles poderia ser nada mais que a projeção, sobre eles, de nossa impossibilidade de nos reconhecermos dentro da inebriante babaquice que eles ostentam. Enfim, todo sermão comportaria este subentendido:

*não consigo fazer com que você aja como quero,
então digo que você deveria fazê-lo*

Você me dirá, sem dúvida, que eu não deveria maltratar assim a moral, que ela nos permite viver juntos e que, sem admitirmos alguns valores como absolutos, não chegaremos a lugar algum. Ou então, o inverso: vai me dizer que podemos nos livrar sem demora dessa culpabilização inútil e cega e que, ao deixarmos as normas travarem a espontaneidade e a inovação, não chegaremos a lugar algum. Mas minha proposição é perfeitamente indiferente à sua sensibilidade à moral como sistema, pois ainda não estou estudando a moral em si; estou falando da interação na qual um ser humano assume (mesmo implicitamente) certa *postura moralizante* para com um outro ser humano – algo que todo pai de família, toda amiga sincera, mas também todo cretino impertinente nunca deixam de fazer, com ou sem razão.

Nesse contexto, a noção de dever aparece como um operador linguístico destinado a incitar à ação na ausência de outros motivos, ou seja, ocultando a relação entre os interlocutores, disfarçando os agentes da situação e ignorando toda articulação entre os desejos – o que, no fim das contas, é uma maneira de privar a interação de tudo aquilo que poderia torná-la produtiva.

Não é impossível que essa postura seja racionalmente infundada, mas agora eu gostaria de demonstrar que ela é sobretudo ineficiente. Releia esta fórmula como se ela fosse endereçada a você, da parte de um idiota:

isso não pode mais acontecer assim, não porque eu lhe digo, mas porque algo, que não sou eu, lhe diz

Isso deixa você indiferente? Um pouco como se escutasse as mentiras de um mitômano, você deixa falar o doador de lições, sem escutá-lo; você não admite que haja nisso sequer um pingo de verdade. Consequentemente, é preciso admitir que o sermão é uma resposta insuficiente a um problema real. O problema, com efeito, consiste no fato de que a confiança dos interlocutores um no outro, isto é, na capacidade do outro para formular algo de verdadeiro ou admissível, está perdida. Este é um ponto absolutamente crucial: com os babacas e por culpa deles, o galho sobre o qual repousa a linguagem se partiu. Mais precisamente, alguma coisa dentro da interação humana se trancou, e esse trinco, ao mesmo tempo, impossibilita o jogo social e invalida as regras elementares das trocas verbais mais simples.

O discurso moralizante permite contornar esse problema uma primeira vez, sugerindo que o que você diz não depende de você. Portanto, o babaca pode admiti-lo, ainda que não tenha confiança alguma em você, pois existe, definitivamente, uma regra moral, que não fui eu que inventei, e ela proíbe adotar tal ou qual comportamento. Refletindo bem, a maneira como a postura moralizante disfarça a implicação do locutor no que ele diz é hábil, pois isso é, na verdade, indispensável para restabelecer a comunicação entre dois seres que não querem mais se entender.

Por que, então, isso funciona tão mal? Porque a autoridade moral permanece inteiramente hipotética; ela não passa da sombra daquilo que se perdeu, a saber, a confiança entre os interlocutores. É por isso que essa forma de autoridade não serve a nada. Os babacas não querem nem saber o que você tenta impor com seus raciocínios – dos quais, por sinal, eles não compreendem sequer uma palavra. Assim, a crise de confiança se traduz num conflito de autoridade, e esse conflito de autoridade se torna um conflito de interpretação, de tal modo que, definitivamente, o sermão, apesar de sua aparência digna, coberta de virtude, nada mais fez senão deslocar o problema, sem o elucidar.

De fato, se seu interlocutor tem o dom da palavra (o que é, infelizmente, o caso da maioria dos babacas), ele está disposto a devolver a gentileza e responder, por sua vez, dando uma lição de moral. E mesmo que você queira reconhecer que há uma diferença entre o bem e o mal, ou que você admita que há uma maneira desejável de regular os comportamentos humanos, ainda assim, não é um babaca desse que vai lhe ensinar a moral, visto que, nesse caso, quem não liga para a moral é ele.

Mas há pior. Porque os verdadeiros babacas – aqueles que não são e nunca se tornarão seus amigos – dispõem de um sistema de valores diferente do seu, dentro do qual julgam perfeitamente correto o comportamento que você considera inadmissível e no qual é o seu comportamento que, ao contrário, é inadmissível na visão dele. Talvez seja esta a verdade mais difícil de admitir, a mais abissal, a mais insuportável de todas aquelas que este livro deve revelar: os seres humanos não são sempre babacas por engano, por acaso, por omissão ou por excesso, por conta das circunstâncias e, por assim dizer, apesar deles mesmos. Há os *babacas de sistema*.

Entristece-me que o destino tenha me dado a tarefa de desvendar essa verdade, mas já que todos sofremos, melhor olhar as coisas de frente. O que chamamos em geral de *alteridade* não designa somente as diferenças físicas, linguísticas e culturais que enriquecem a humanidade. A alteridade significa também que há, em todas as sociedades e camadas sociais, seres – não apenas um, isolado, pois ele tem amigos que concordam com ele – que não se preocupam com a coerência e que, em vez de possuir um sistema de valores diferente do seu (o que, em si, seria interessante), tomaram por valor não ter nenhuma lógica; em outras palavras, escolheram ser totalmente incoerentes. É isso que chamo de *babacas de sistema*. Se você duvida de sua existência (o que eu mesmo teria feito até recentemente), estou em condição de apresentar um que não é nem bobo, nem louco, nem mesmo malvado – aliás, brilhante em sua profissão (os verdadeiros babacas raramente são ignorantes). Esse verdadeiro diamante – o mais puro do qual tive a oportunidade de me aproximar – *não quer* compreender, embora disponha dos meios; em outras palavras, ele *se obstina* heroicamente em sua própria babaquice.

Assim, a grande dificuldade diante do discurso moralizante, quando dirigido a um babaca, não importa qual, é que esse discurso pressupõe uma base mínima comum, a partir da qual poderá haver conversa para avaliarmos juntos nossos comportamentos. Mas, contrariamente às crianças e mais geralmente àqueles com quem mantemos laços afetivos, os babacas não têm razão alguma para aceitar seu sistema de valores e tampouco fazer o esforço consistente de compreendê-lo para questioná-lo. Diante de alguém que recusa até mesmo a ideia de estabelecer regras juntos, torna-se impossível se entender, o que mergulha a todos numa situação de imensa impotência.

Por que os babacas não querem negociar? Porque não reconhecem em você nenhuma espécie de autoridade. Mas, me diga, por que recusam que nós nos submetamos juntos, de forma igual, à autoridade da razão?

Percebo que você não está entendendo. Os babacas não querem saber de você. Não apenas eles não têm respeito por você, mas sobretudo eles não desejam levar em conta sua existência. Eles não o *consideram*. O maior desejo deles é agir como se você não existisse, ou, mais precisamente, como se sua existência e tudo o que ela implica de desejos, pensamentos, esperanças, receios, pedidos ansiosos e ternuras contidas, todo esse mundo de emoções, de signos e de imagens que você traz à flor da pele não tivessem nenhuma espécie de pertinência. Aos olhos deles, você é nulo, e não aconteceu. Essa postura é tão estúpida e tão profundamente insultuosa que nos deixa perplexos, mas você deve admiti-la de uma vez por todas. Entre você e eles, a co-humanidade acaba de desmoronar, e eu diria mesmo a coexistência. Essa experiência, vivida sob meu próprio teto, abriu diante de mim, sem exagero, um dos abismos mais vertiginosos da minha vida.

Essa catástrofe suga todo esforço visando estabelecer um arremedo de diálogo, pois não há mais confiança, nem mesmo qualquer desejo em comum entre você e o babaca. Está, assim, fora de questão negociar, pois não há mais comunicabilidade entre os mundos. É por isso que a autoridade (a da razão, a da moral, a de Deus ou não-sei-o-quê de absoluto) entra em conflito com ela mesma: ainda que constitua uma tentativa desesperada para criar um sobressalto, ela desmorona no meio da interação. Em todo caso, quando você dá uma lição de moral a um babaca, você fala num dialeto que eles não compreendem. Os sistemas rígidos e as ambiguidades das línguas geram desentendimentos já permanentes entre as pessoas de companhia agradável, mas no momento do drama, a incomunicabilidade toma proporções abissais.

Lamentavelmente, isso não é tudo. Pois nossas interações não são apenas linguísticas: elas abrangem todo um leque de impressões sensoriais (tom de voz, gestos, posturas, aparência física, mas também digestão em andamento, ecos de experiências passadas etc.) que cada um interpreta em todos os sentidos, opostos e contraditórios, de uma pessoa a outra. Essa semiótica geral torna, por assim dizer, incontroláveis as direções que tomam os indivíduos quando perdem o sentimento de co-humanidade. Eu tremo só de escrever isto: nessas condições, um ser humano é capaz de tudo.

Enfim, se você me permite, parece-me útil lembrar que as patologias da interação, que levam a sufocar a compreensão que temos uns dos outros, portanto, a confiança que concedemos aos outros, logo, a autoridade que reconhecemos em nós, não se reduzem inteiramente a mal-entendidos simbólicos – há também, entre os humanos, algo parecido com afinidades e hostilidades profundas (chame de espirituais, vibracionais, feromonais ou não importa o quê) que fazem que, desde sempre e para sempre, haja alguma coisa em você que *não agrade* aos babacas, que os deixe desconfortáveis, que às vezes mesmo os agrida, antes que você tenha feito um gesto ou dito a menor palavra. O que, com grande frequência, é recíproco.

Você e eu – mesmo que você não goste da minha voz ou que sua maneira de se coçar me desagrade – podemos, ainda assim, nos escutar. Com os babacas é diferente. Por um efeito de fluxo e refluxo, o babaca tenta, com toda a força, submetê-lo ao pseudossistema dele, destruindo o seu; e é justamente porque é essa a sua língua (se é que podemos chamar isso de uma "língua") que em geral ele bufa, treme, gagueja etc., e provoca, irrita, insulta de todos os modos – e, mesmo ocasionalmente, discursa a plenos pulmões e lhe explica a vida num tom pomposo.

Agora, não nos resta escolha senão reconhecê-lo: se há um conflito de autoridades, é justamente porque a empatia se perdeu, e com ela as condições para restaurá-la. Nesse desastre interacional, nossa comum humanidade naufragou. O babaca ainda fala com você? A essa altura, sem dúvida, vale a pena escutá-lo.

6

Renuncie aos jogos de linguagem.
Eles não querem compreender.

COMO ESCUTAR UM BABACA

– É mentira!

– Como assim, é mentira?

– Estou dizendo que é mentira. Não é verdade!

(postura recíproca)

– Nahhh...! Deixa pra lááááá...

Onde aprendemos como escutar e, além disso, fazer falar um babaca, a fim de apaziguar os conflitos. E como se exprimir em resposta.

Juntemos rapidamente nossas forças. Quando um babaca surge em sua existência, ele o faz evidentemente por meio de um ato ou de uma palavra no qual sua babaquice irrompe. Sua atenção se concentra então nesse evento, considerando-o isoladamente. Quando você o considera (e, em geral, você o considera *um pouco demais*), tudo o que há de humano em você – o coração o espírito, a alma racional, os intestinos, a epiderme excitada pelo arrepio – indica que esse ato um ser humano *não deve* realizar, ao menos na situação em que está. Agindo assim, você sente se afirmarem interiormente valores morais que deseja compartilhar. A lição de moral (implícita ou explícita) que você der é então um pedido de reconhecimento desses critérios. No entanto, se observarmos bem, esse pedido é um grito de impotência, pois você supõe (sem se dar conta) condições que correspondem precisamente àquelas que foram perdidas. Pode-se admitir, é claro, que o sermão visa atrair a atenção do interlocutor para que este aja, *no futuro*, com mais cuidado e com uma melhor consciência das consequências morais, políticas, econômicas, ecológicas etc. de seus atos. Mas existem muitas outras maneiras de encorajar os outros a *fazer* ou *não fazer*.

Essa consideração incita a renunciar à estratégia moralizadora ao encontrar um babaca, mas voltarei a isso. Agora, quero primeiro observar como ela permite escutar de forma pacífica aqueles que lhe infligem lições de moral. De fato, a reação mais frequente, a mais natural e a menos eficaz que existe consiste em defender-se do *erro* que procuram imputar a você. Porque os babacas adoram culpar os outros. Ora, tentando se justificar, você comete por sua vez uma quantidade de erros tão fenomenal que renuncio a expô-los – mas admita ao menos o seguinte: no momento de balbuciar suas justificativas, você nem sabe mais a qual sistema de valores (o seu ou o dele) está se referindo. Eu poderia mostrar que, nos dois casos, você toma o mau caminho; porém, para avançar rapidamente, suplico: *pare*! Você assimila o sistema que o babaca quer lhe impor, enquanto, na verdade, os babacas de sistema *não têm* sistema – eles não respeitam coerência alguma! Assim sendo, não se justifique, é humilhante, inútil e mesmo perigoso (pois como os perdoaria por terem obrigado você a se justificar?). Ainda que eu identifique algo de generoso em seus esforços, é, antes de tudo, indispensável que você aprenda a *negar a competência* do tribunal deles. Se não começar ignorando o julgamento dos babacas, você não conseguirá se safar.

Antes, preste atenção ao seguinte: a pessoa que lhe dá lição de moral está, na verdade, lamentando-se por sua própria impotência. De fato, ela tenta fazer com que reconheçam sua capacidade de inspirar confiança lá onde ela mesma a perdeu (na realidade, vocês dois a perderam no naufrágio interacional). O discurso dela é, então, um canto de queixa. Para escutá-la com atenção, convém evacuar toda prescrição (que nada, absolutamente nada impõe que você reconheça, visto que ela não pode receber sua autoridade senão de você mesmo) e toda culpabilização (que na realidade é uma maneira para o doador de lição projetar a vergonha dele sobre você) e acolher seu lamento, acolhê-lo, sim, e aceitá-lo como testemunho de um sofrimento que exige apenas ser reconhecido.

No fundo, o moralizador, em vez de dizer "me sinto mal", exprime a mesma coisa de uma maneira contornada, dizendo "você não deve me fazer mal". Pois bem! Esqueça a primeira metade da frase, não caia na armadilha que consiste em responder que não é culpa sua, mas dele, enfim, deixe para lá o "você não deve" e preste atenção à sua queixa. Porque, se você acompanhou esta análise desde o começo, o objeto da lição de moral *sempre* foi o reconhecimento; mas ali, onde você pensava tratar-se principalmente de fazer com que um erro fosse reconhecido (que é o princípio mesmo da vergonha e do arrependimento), revela-se que o reconhecimento do *motivo que faz falar*, como reciprocamente o do *motivo que faz agir*, são um bocado mais importantes que os debates de imputação para determinar *de quem é a culpa*.

Seguindo esse fio, torna-se possível não mais se deixar enganar pelo discurso universalizante (explícito ou não) que subentende um grande número de conflitos que nos opõem aos babacas. De fato, o sermão procede de uma fuga nas generalidades (indução) diretamente ligada ao naufrágio interacional.

Conforme já mostrei, essa estratégia não restaura nada daquilo que foi perdido, já que, ao invés de convencer o outro, ela causa um turbilhão nos discursos em torno de uma confiança que se extinguiu. É por isso que aquele que dá lição de moral está pedindo ao outro o reconhecimento de uma autoridade – a fim de restaurar a confiança. Mas como ele o faz disfarçando precisamente a pessoa em quem se trata de confiar (a saber, ele mesmo), só com muita dificuldade conseguirá restaurar essa confiança. Se tiver diante de si um panaca competitivo, ele não conseguirá nunca!

Não se pode romper o círculo do moralismo, que gira em torno de uma confiança perdida para sempre, senão reconhecendo o sermão como um canto de luto que se segue, justamente, ao naufrágio interacional.

Assim, é identificando o pedido de reconhecimento em curso nos sermões que você conseguirá não mais sofrer com os falsos efeitos de autoridade, que são verdadeiros discursos de impotência. Do ponto de vista do estrito discurso, isso significa que a resolução dos conflitos que nos opõem aos perversos, aos pamonhas e aos tacanhos deve ser menos concebida em termos de julgamentos (determinante de proposições teóricas do tipo: "Sócrates é um babaca") do que em termos de relatos que permitam reconstruir, através da narrativa, o encaminhamento das representações e dos desejos. Desse modo, nós identificamos o tipo de discurso que deve permitir o alívio das emoções, tanto as dos babacas como as suas: aquele que se trata fundamentalmente de relatos. De fato, somente a narrativa permite apaziguar o conflito, porque ela permite à verdade emergir da intersecção dos pontos de vista, sem que seja sequer necessário (contrariamente a um discurso conceitual) se pôr totalmente de acordo, nem ser totalmente preciso, nem ter qualquer certeza.

Por sinal, o privilégio absoluto da narrativa dentro do contexto de interações humanas é uma das coisas mais belas a se observar no mundo. Pois, uma vez que você tenha aprendido a reconhecer o sofrimento, a acolhê-lo, a encorajá-lo a se derramar, você fará a seguinte experiência: os sermões que ouvir perderão seu principal poder (o de irritar seus nervos), e aquele ou aquela que os proferir perderão progressivamente seu tom acusatório para começar uma confissão que os aliviará. Ora, se o babaca tem vontade de ter razão, é pouquíssimo provável que ele minta. Para mostrar a você que ele está em seu direito, fará um relato sincero. E se expor assim a alguém é algo bem diferente da comunicação, é fundamentalmente *fazer* alguma coisa *juntos*.

Desse ponto de vista, o que eu chamei de *fogo de artifício*, isto é, o fato de um evento suscitar uma emoção intensa que nos impede de pensar, não se resolve com um sobressalto de inteligência, como os filósofos tendem a crer, que permitiria esclarecer as zonas de sombra e explicar através de suas causas os comportamentos dos babacas. Só se pode superar o fogo de artifício que nos oferece a babaquice humana renunciando de uma vez por todas à conceitualização (ou seja, aos julgamentos) para se fiar inteiramente nos poderes da narrativa. Sim! Porque, então, não é mais necessário que você esteja de acordo com a versão que os babacas dão dos fatos; não é sequer indispensável que compreenda tudo o que eles dizem. Pense que, na música, uma melodia oferece um fio narrativo sem que haja absolutamente nada a compreender. O essencial é considerar o seguinte: em todo lugar onde houver um babaca, você não pode agir de outro modo senão renunciando a uma comunicação do tipo clássico (em particular, conceitual); o mais eficiente é abrir urgentemente seu confessionário. Com os diabos, os babacas sofrem! Mesmo que a língua deles não seja a sua, deixe-os explicar o motivo. Certamente, é um tanto repugnante, mortalmente tedioso, e você não tem sequer vontade de ajudá-los. Mas ninguém, nem mesmo eles, pede que você resolva seus problemas. Por outro lado, escutando suas queixas, encorajando-os a dizer o que querem, você acabará atingindo seus objetivos: restaurar um pouco de confiança e tornar sua própria vida mais fácil.

Talvez você me diga que os babacas, após nos fazerem relativizar a moral, parecem estar a ponto de nos fazerem renunciar à própria verdade. Deixar os babacas contarem suas histórias, talvez... Mas a que preço? Essa é exatamente uma observação de filósofo. Pois, novamente, essa objeção interpreta a verdade em termos proposicionais (por exemplo, "Sylvaine é uma babaca", ou então: "Sócrates não é um babaca"), e você supõe que essas proposições devam ser ou verdadeiras, ou falsas. Há aí uma concepção da vida fundada sobre o terceiro-excluído, princípio extremamente rígido para ser empregado no domínio moral (sem falar do fato de que a lógica contemporânea o ultrapassou há muito tempo). Para resumir, digo o seguinte: não temos necessidade de estar totalmente de acordo para criarmos juntos a verdade, pois a verdade de uma situação moral resulta do cruzamento das posições. Para se aproximar dela, é indispensável incorporar a opinião do brutamonte mais parvo ou mais desonesto de todos, determinando com ele sob qual ângulo sua opinião tem algo suscetível de ser compartilhado e, portanto, que pode se tornar compatível aos outros. Este trabalho de incorporação, a que chamamos igualmente de diplomacia, é um dos grandes desafios de nosso tempo (talvez de todos os tempos, mas eu não saberia dizer, vivendo só neste).

Ora, essa incorporação está igualmente no cerne de nossa relação com as emoções. Pois pode-se dizer que uma emoção qualquer se alivia assim que ela é contada, ao passo que ela se irrita assim que foge para a teoria. Desta forma, o trabalho de escuta e a abertura à narrativa nos permitem responder ao desafio que constituem as emoções – as nossas tanto quanto as dos babacas. Assim, exponha-se por sua vez, já que é preciso. Purgue seu coração de suas emoções. Mas não exija de jeito algum dos babacas que eles reconheçam a verdade de seus sofrimentos; tente antes encontrar apoio em outro lugar, junto às pessoas esclarecidas e de boa vontade. Porque os babacas, você sabe, zombam da verdade, eles não desejam a verdade! E você continuará sendo semelhante a eles enquanto quiser impô-la a eles de uma maneira teórica. É preciso lembrar? O grande desafio moral não consiste em tornar a babaquice mais sábia, e sim, com maior modéstia, impedir, na prática, que os babacas causem danos.

A fuga na teoria tem, contudo, uma exceção, que chamamos de filosofia. De fato, da mesma forma que a narrativa (como acabo de mostrar) não é apenas uma atividade de escritor, mas uma função indispensável à interação entre humanos, a filosofia não é principalmente uma disciplina universitária. Enquanto repousa sobre a conceitualização, ela designa um processo que se opera a cada vez que, em você, uma emoção qualquer, tomando a forma do desejo de compreender, atravessa o teto das palavras e se põe, como aqui, a articulá-las em conceitos abstratos, com menor relação à experiência imediata, ainda que sua manipulação constitua um outro tipo de experiência em si, verdadeira exploração de estados de consciência a terceiro grau (nem a nível dos eventos nem a nível das emoções). Nesse sentido, o Céu das Ideias onde nós evoluímos nada mais é do que o espelho de nossas tripas, que se derramam sem cessar entre gentes de bom caráter – sob uma forma mais destilada e mais sutil que o melhor uísque – até a saciedade.

7 Compartilhe seus relatos,
Encoraje as narrativas deles.

POR QUE O ESTADO NÃO ESTÁ NEM AÍ PRA GENTE

Em tudo o que eles chamam de "política" ou "religião", os babacas mostram-se tão convictos que acabam ficando exaltados. Para qualquer pessoa, a convicção traz a força, a calma e a estabilidade. Mas a dos babacas os torna frágeis ao extremo. Uma nuance, um senão os faz urrar como se lhe arrancassem as unhas.
Nesse caso, um método simples consiste em cortar o som. Na verdade, a política e a religião têm em comum o fato de seu conceito ser *exclusivamente* prático: é através dos atos que se mostra o quanto se é cidadão, e ainda pelos atos é que se mostra o quanto se é fiel. Uma vez que nos instalamos dentro do silêncio dos atos, as inacreditáveis babaquices que os homens trazem consigo a respeito de "Deus" (sem mesmo se perguntar do que estão falando) e do "poder" (mesma coisa) se tornam tão leves quanto o desfile de inocentes nuvens num belo céu azul, sob o qual você está livre para ir aonde bem desejar.

*Onde uma reflexão sobre o direito ensina
duas maneiras diferentes de lutar
contra a babaquice das instituições.*

Os capítulos precedentes apresentaram várias ideias ligeiramente a contrapelo, segundo as quais o apelo ao dever na vida cotidiana consiste principalmente numa queixa; essa queixa entoa o luto de uma confiança perdida; e a escuta cruzada das narrativas é o melhor (senão o único) meio de superar essa perda.

Considerando minha experiência com os estudantes de filosofia, essa espécie de proposições divide em geral as assembleias em duas: uma parte sai satisfeita, brandindo a ideia nova em todos os sentidos; a outra – geralmente, meus alunos preferidos – a considera totalmente arbitrária, e mesmo insuficiente. É assim que o curso progride, ao mesmo tempo graças ao apoio mais ou menos justificado daqueles que assimilam (sem o qual lecionar seria inviável) e às exigências mais ou menos justificadas daqueles que resistem.

Em meu estudo sobre a postura moralizante, no qual reduzi o sermão a um pedido de reconhecimento, evitei conscienciosamente o debate quanto à responsabilidade dos babacas sobre suas próprias babaquices (quer dizer, sobre seus atos), e nem me perguntei quem estaria mais fundamentado para apelar à autoridade do direito moral. Em vez disso, me detive num estudo relativista, pois eu queria mostrar que a situação permitia isolar certos problemas quanto ao uso da palavra e, assim, saber exatamente como escutar os discursos moralizantes, e porque são eles infinitamente menos eficazes que os relatos.

Agora, quero fazer justiça àquelas e àqueles a quem essa abordagem não convenceu, pois estavam desde o início atentos às situações em que uma pessoa se acha em seu direito. Concordo plenamente: diante do sádico que humilha seus subordinados ou da moçoila infantil que recusa suas responsabilidades, você diz a si mesmo – como eu fiz – que sua revolta é legítima, porque você defende algo que merece seu combate. Desta feita, não se trata mais de trabalhar para a realização humana em geral, mas simplesmente fazer respeitar um direito do qual você tem uma ideia bem precisa. No entanto, mesmo que a palavra "direito" seja empregada facilmente, trata-se de um conceito demasiado pesado ou, sendo mais exato, de um domínio em que as evidências são raras.

Melhor preveni-lo: vamos nos lançar ao ataque de uma fortaleza um tanto maciça. Mas se você resistiu corajosamente até aqui, notou que essas considerações, ainda que abstratas – ou justamente porque são abstratas –, permitem conduzir nossas sensibilidades a um patamar de maior delicadeza, e nossos comportamentos a um nível de aperfeiçoamento mais requintado.

Seja então um dos tolos que são o objeto de nosso estudo – um arrogante, um escroto, diante do qual você acredita estar em seu direito. Estar em seu direito, observe, não é um estado de fato, é uma reivindicação. Se você acredita estar em seu direito na fila de espera com a mesma evidência de que você é um bípede, você deverá admitir que a vida cotidiana dos humanos transcorre geralmente dessa maneira, e que nós estamos em nosso direito em quase tudo o que fazemos (respirar, tossir, ser um babaca etc.) Consequentemente, você admitirá que toda a vida humana, sem que se perceba, transcorre, por assim dizer, sob o céu do direito, e você reconhecerá comigo que os únicos casos interessantes são aqueles em que essa adequação entre o fato e o direito apresenta problema. Então, você admitirá que "estar em meu direito" não designa meu estado quando estou cozinhando; mas é o que reivindico quando peço à pessoa com quem divido um apartamento (Deus me ajude!) para limpar a cozinha depois de uma festa – solicitação esta que ele compara ao retorno dos fascistas.

Ora, essa reivindicação pode surgir em três casos, nos quais o fato de se acreditar "em seu direito" levanta problemas bem diferentes uns dos outros.

Caso 1. Reivindica-se o estabelecimento de uma legislação não existente, melhor adaptada aos fatos. Trata-se então de conquistar os direitos novos criando novas leis (ou outras normas jurídicas).

Caso 2. Lembra-se alguém da existência de uma legislação já clara, quando ele a infringe. Nesse caso, a reivindicação constitui, de certa forma, um apelo ao direito positivo.

Caso 3. Reivindica-se o reconhecimento de um dever moral que nenhuma norma jurídica explícita jamais exprimirá.

Os babacas, você sabe, possuem um dom inimitável para explorar todos os cenários com a minúcia dos gases perfeitos. Nem todos são fora-da-lei: alguns, mostrando-se processuais ou oportunistas, sabem, em vez disso, colocar-se do lado da lei, de tal modo que são tão hábeis para explorar o funcionamento do sistema quanto suas brechas e seus pontos cegos. Mais adiante, retornarei aos babacas de certa maneira hiperadaptados; por ora, exploremos os três casos nos quais você os considera exteriores ao direito, enquanto *você* está no interior. Conforme veremos, não existe um milionésimo de espaço social que eles não sejam capazes de achincalhar, às vezes sem mesmo compreender por que e como se encontram ali, mas sem tampouco querer parar de fazer o que fazem. Para seu prazer e com o devido respeito, comecemos pelos funcionários.

Por que os funcionários? Porque eles são os membros e órgãos do Estado, e o Estado designa todas as instituições oriundas do direito positivo. Em outros termos, o Estado designa uma forma de organização baseada nas leis escritas, que devem enquadrar as maneiras de viver através de um sistema de normas e de atribuição de recursos. Ainda sem entrar no terreno jurídico, quero sem demora fazer com que você observe o seguinte: como as maneiras de viver evoluem, é estruturalmente indispensável reformar permanentemente o Estado, de modo que todas as instituições públicas, na aparência, fixas, constituam, elas também, uma realidade evolutiva, ainda que sempre atrasada em relação aos costumes, às ideias, às artes etc.

Esse lembrete, em si mesmo, é suficiente para explicar uma grande quantidade de babaquices. Amigos e amigas, por definição, as instituições funcionam *mal*, pois se trata de formas teoricamente *fixas* destinadas a estruturar uma realidade *móvel*, definindo normas *unívocas* destinadas a enquadrar realidades *múltiplas*, de tal maneira que é necessário, incessantemente, corrigir, reformar, modificar as instituições e as leis que as definem, para que se ajustem melhor à vida real dos humanos e às suas relações com o não-humano (animais, florestas, máquinas, e mesmo espíritos, operações matemáticas etc.). Como o Estado e as instituições internacionais são máquinas ainda e sempre em construção, devido ao fato de a História ter sempre uma boa margem de avanço em relação a elas, a administração é ainda tão babaca hoje em dia quanto à época de Hamurábi, na Babilônia. Apesar dos ajustes que você deseja ardentemente e que serão talvez legitimados (ou não), ela o será ainda em dez mil anos, sob o reino dos Targaryen. Isso não consolará ninguém, mas ainda assim, no final das contas, quando pensamos numa escala de 20 mil anos, ajuda a ter paciência na fila.

Por isso é que não são os funcionários, mas sim as próprias instituições que são estruturalmente débeis, visto que são sempre inadaptadas ao concreto das situações. Por sinal, a burocracia agravou o fenômeno. Impondo aos empregados do Estado tarefas sempre ingratas e minando as condições que lhes permitiriam se envolver em seu trabalho e dele extrair justa gratificação, ela lhes impõe formas de vida que acabam se desgastando e que adicionam uma camada de incúria a seus disfuncionamentos constitutivos. É a ocasião de lembrar que nossas disposições e nossas operações mentais, não canso de dizê-lo, não transcorrem na intimidade de nosso espírito, mas exprimem e modificam situações e relações que podem ser estudadas em diferentes escalas. Aos sociólogos cabe revelar as condições sociais de fabricação dos babacas. Quanto a mim, fico com a tarefa de formular as operações conceituais das quais qualquer um possa se apropriar para as situações em que tiver o privilégio de ter diante de si um desses espécimes.

Por conseguinte, você pode se queixar da babaquice da administração e dizer que o Estado não se importa conosco, porque isso é perfeitamente exato. Ainda que se adaptem em permanência, as instituições são logo irremediavelmente inadaptadas e, diante delas, os cidadãos devem lutar em permanência para fazer valer seu direito, quer dizer, para fazer com que seja reconhecida a legitimidade da sociedade para reclamar um contexto adaptado aos seus componentes, inclusive e sobretudo no caso daquelas e daqueles que se acham fora do direito; ao mesmo tempo e pela mesma razão, os funcionários devem lutar constantemente para que o Estado não os arraste em sua perpétua deliquescência (quando já não for demasiadamente tarde para eles, como no caso de uma diretora de escola que conheço – mas deixemos isso pra lá).

Essas observações permitem fazer a triagem entre duas reações igualmente legítimas, mas bem diferentes, que são as suas quando se trata da babaquice das instituições públicas.

De fato, de um lado, a postura de *revolta* contra a babaquice estrutural dessas reações é indispensável à democracia: sem o envolvimento de todos e de cada um com os problemas coletivos, nós recairíamos *de fato* em regime tirânico. Para ser franco, por causa de uma indiferença crescente e de uma retração estratégica dos indivíduos em si mesmos, é preciso admitir que, em parte, nós já chegamos lá. É, portanto, indispensável que seu esforço contra a babaquice das instituições se perpetue, e que você nunca renuncie a se deixar emocionar.

Por outro lado, a revolta política, para ser legisladora, não pode se contentar em ser a voz de uma emoção. Ela só se torna uma *reivindicação* se previr uma articulação com a instituição. Em outras palavras, aquelas e aqueles que a fazem devem ser capazes e desejosos de trabalhar com seus próprios adversários – e se associar num espírito construtivo a verdadeiros babacas, idiotas reais, justamente aqueles que são mais ativos na política e dentro de todas as administrações, públicas ou privadas (mostrarei mais adiante por que os babacas estão no comando). E de fato, como o jogo político consiste em conseguir convergências de forças sem cair na babaquice, deduzimos então que ele está condenado a cair nela regularmente, visto que é logicamente contraditório resolver *todas* as vezes *todos* os conflitos em benefício de *todos* (em particular, *mas esta é só uma parte do problema*, quando se trabalha em benefício de alguns).

Essas observações contribuirão, espero, para deixá-lo, ao mesmo tempo, mais determinado e mais paciente em suas interações com esses barracos improvisados que são as instituições, que já exasperam as pessoas desde a Antiguidade, e contra as quais, eu confirmo, *você está em seu direito*. Quanto a definir formas de engajamento político eficazes e pertinentes para reivindicá-lo, esta questão se depara com uma dificuldade. Na verdade, o esforço de integração ao direito tem tantas vantagens que parece difícil renunciar a ele. Essas vantagens consistem em acolher, na lógica do direito e sob a proteção do Estado, seres e situações que até então não se beneficiavam delas, o que dava lugar a situações no mínimo absurdas, no máximo inumanas. Infelizmente, a extensão do domínio do direito traz igualmente um gravíssimo inconveniente; mas como ele é o mesmo que no caso número 2 (aquele em que há leis, decretos, jurisprudências), eu lhe proponho guardar isso para o próximo capítulo. Por ora, se você sobreviveu a este, retenha esse preceito:

Valorize seus adversários,
sua luta se tornará política.

POR QUE A AMEAÇA É UMA FORMA DE SUBMISSÃO

No seio das organizações piramidais, uma das formas de babaquice mais difundidas consiste em exigir o zelo dos outros e de si mesmo, na ausência de toda noção do objetivo que mereceria tal zelo e de todo benefício que o tornaria gratificante.

É assim que o zelo, uma forma de babaquice histérica, contribui para esvaziar o trabalho de seu sentido e para alimentar seu reverso – a longa babaquice indolente daqueles que realmente não estão nem aí.

Onde descobrimos que a referência ao direito pode ser uma maneira de ameaçar os outros; e que essa ameaça exprime, no fundo, um desejo de submissão.

Para enfrentar os babacas com nossas melhores armas, é necessário esboçar uma filosofia do direito, cuja meta essencial é nos esclarecer sobre o conceito de autoridade – não para fazer com que o babaca o compreenda (esses cretinos não compreendem nada porque *não querem* compreender coisa alguma), mas para que sua própria legitimidade, mais bem concebida, permita que você triunfe sobre eles.

Dos três casos nos quais considerei que uma pessoa reivindica estar "em seu direito", o primeiro mostrou que, enquanto cidadão ou cidadã, você pode, legitimamente, fazer de modo que uma situação *de fato* seja integrada ao direito, apesar das resistências constitutivas dos órgãos do Estado (governo, administrações, professores etc.). De fato, seu pertencimento ao corpo social fundamenta sua legitimidade diante das instituições, e você agirá então não *em nome de todos*, mas *enquanto membro do todo*, pois a sociedade é perpetuamente confrontada à babaquice das estruturas que ela não para de fazer e desfazer e que, por sua vez, a modelam. Você pode também não fazer coisa alguma, mas isso é racionalmente indefensável, pois as instituições, por definição, funcionam mal e, portanto, de certa forma, o chamam e o desafiam.

Agora, quero estudar o segundo caso, aquele em que os babacas infringem as leis existentes com a mesma presença de espírito que seus cachorrinhos nervosos defecam sobre suas calçadas. Aparentemente, o caso é simples. Pois se existe uma lei para proibir um comportamento, isso significa que este é passível de sanção. O fato de você pensar ou dizer "estou no meu direito" à megera do cachorrinho, ao batedor de carteiras ou à vigarista que esvaziou sua conta bancária significa, pois, que há atrás de você uma regra de comportamento que tem a força da lei – a diferença entre uma regra qualquer e uma lei sendo, justamente, que a lei se baseia na força.

A força do Estado, ao menos teoricamente, não é brincadeira: ela mete a mão na sua carteira (pela multa), aplica a coerção de corpos (pela prisão) e, ainda que isso pareça um efeito colateral, ela torna públicos, ao mesmo tempo, o delito e a condenação, o que permite conhecer o sofrimento das vítimas (o que é uma das funções fundamentais da justiça) e ajudar o culpado a reconhecer seu ato pelo que ele é (este é o verdadeiro e único fundamento da punição, que *não é* uma vingança). No entanto, a extensão do domínio jurídico comporta um grave risco: multiplicando as leis, ela abre, uma após outra, as portas de sua vida à intervenção do Estado, o que não é uma boa notícia, pois o Estado não deveria intervir senão em casos de extrema necessidade. Em seguida, ela tende a acostumá-lo a recorrer à justiça – em outras palavras, à imensa-máquina-mais-forte-que-você-seu-babaca –, em vez de privilegiar outras maneiras de resolver os conflitos, o que é um inconveniente, paradoxalmente, ainda mais grave do que o primeiro.

De fato, as leis evoluem adaptando-se à sociedade, enquanto a sociedade evolui em função de uma quantidade infinita de fatores (a tecnologia, o meio ambiente, os intercâmbios, as ideias, as artes etc. *e as leis*). Toda relação de força se inscreve, portanto, nos mesmos conjuntos de ações e reações extremamente complexos. Isso significa, particularmente, que os intermediários da autoridade do Estado não são tanto os policiais e outros funcionários, mas sim os próprios cidadãos, quando estes se acostumam, sem avaliar as vantagens e as desvantagens, a situar suas relações de poder entre eles sob uma ameaça vinda "do alto". Infelizmente, aqueles que têm a grande chance de viver num Estado de direito desenvolvem naturalmente uma tendência a desejar uma lei para tudo. Essa tendência favorece a penetração do Estado em toda parte, e um Estado onipresente é a definição do totalitarismo.

É assim que, para nos defendermos dos babacas, nós nos transformamos em escravos, visto que nos tornamos incapazes de viver sem as instituições normativas. Quando o Estado não está presente, os mercados, as redes sociais e, no conjunto, todas as estruturas que enquadram as trocas entre os humanos equivalem também a instituições que emitem as normas de discursos e comportamentos. Ora, quando a representação do Poder Normativo estiver presente em todas as nossas interações, teremos conseguido criar um sistema totalitário sem ter precisado de um ditador.

    Deve-se deduzir disso que é melhor evitar a expansão do domínio do direito? Não, posto que essa extensão define uma melhoria das instituições públicas, portanto, das condições de vida. Porém, para evitar o totalitarismo, cada extensão do direito requer – por assim dizer, em compensação e em paralelo – que cada cidadão desenvolva uma reconquista de autonomia, quer dizer, um *saber-fazer* que consista em resolver os problemas *independentemente* das leis, ou, para melhor me exprimir, *antes* de ser constrangido a recorrer à força pública. Com efeito, o motor do totalitarismo não é a extensão do direito em si, mas a maneira pela qual aderimos às normas e procuramos, no mesmo movimento, impô-las aos outros.

    Agora, reflita comigo. Sem pretender desagradar os adoradores da ordem pública, devemos admitir que, na maior parte do tempo, o Estado *não* resolve nossos conflitos, ou o faz somente a *custos exorbitantes*. Teoricamente, a força da lei é muito eficaz e muito constrangedora (ela pode envolver gente armada e treinada, o que é, por vezes, necessário, sim, para conter os babacas e impedi-los de agir quando se mostram criminosos). Mas, na prática, o emprego dessa força não é nem simples nem automático; realmente, nem um pouco. Aliás, a maior parte dos boçais sabem e tiram proveito disso. O canalha que o agride sexualmente é sem dúvida culpado de um delito, mas para que você faça valer seu direito nos termos da lei, será necessário iniciar um processo que lhe exigirá enormes esforços e que corresponde a uma temporalidade que nada mais tem de humano, sendo o Estado uma *imensa* máquina-mais-forte-que-você-seu-babaca. É indispensável que esse processo exista, mas não é desejável, em nenhum caso, chegar a esse ponto.

Principalmente, ainda que haja um fosso fundamental entre uma incivilidade e um delito, ainda que não haja relação alguma entre o fato de furar uma fila e passar a mão numa subalterna, a situação da pessoa que está em seu direito é infelizmente comparável: encontra-se nesse instante um longo momento de solidão, isto é, de impotência e abandono – um grande desalento que assinala antes de tudo um impasse coletivo, e que *é melhor* saber prevenir ativamente e, se possível, reconhecer e "punir" (ou seja, "conscientizar") numa microescala. Assim, sob a camada das instituições, é indispensável encorajar e entreter uma forma de consciência social, encarnada em cada indivíduo, capaz de interagir de maneira, de certa forma, sub-legal, ou seja, definida fora do quadro legal, com os babacas. As leis, os juízes e a polícia podem e devem continuar existindo como salvaguarda contra os criminosos, mas é indispensável que, além de legislar, nós sejamos capazes de resolver, na medida do possível, nossos conflitos *sem* o Estado.

Inversamente, sem querer ofender os anarquistas mais simples, as relações de poder se situam de início nas representações e nas práticas de todos e de cada um, de tal modo que um dos papéis das instituições (não estou afirmando que elas o cumpram bem) consiste paradoxalmente em *proteger* os cidadãos de sua mania de levar o tempo todo seus conflitos a uma autoridade, o que nada mais é senão uma profunda tendência à submissão. Sim, embora seja um sintoma político grave, a submissão é uma tendência natural do ser humano (e não unicamente). De onde vem ela? Não é nada de muito misterioso.

De fato, nós não temos *sem razão* um desejo teoricamente perverso de submissão. A submissão se impõe a nós como um recurso para nos extrair da impotência, ou, mais precisamente, para interromper nosso desalento (ou vergonha, ou angústia, cada pessoa tem sua maneira de reagir) diante do *sentimento de nossa impotência* – que doravante chamarei de *insuficiência*. Na verdade, todo naufrágio interacional nos deixa encalhados nos limites de nossas simples individualidades. Quando nos vemos repelidos dessa maneira, abandonados a nós mesmos, semelhantes a uma ilha deserta sem água nem coqueiros, o poder de cada um se acha desesperadamente limitado. E quanto mais você se considerar abandonado e impotente, mais desejará que alguém ou alguma coisa venha em seu socorro. Quando essa força tão desejada é identificada na imagem de algo exterior, você só tem uma vontade: oferecer-lhe a submissão do pouco que lhe resta, precisamente, a fim de se livrar do sentimento de que todas as forças lhe faltam. E, como todos sabem, esse alívio é tão intenso, que a submissão vem acompanhada de um gozo igualmente intenso.

Voltemos agora aos rastaqueras que infringem as leis diante de seus olhos e que o deixam em dúvida sobre como reagir. O que faz você ao adotar uma postura de quem está em seu direito? Claro, você os ameaça (com toda a razão, não contesto isso) com a força da lei – em outras palavras, com a intervenção do Estado, destinada a tomar o lugar de sua própria palavra. Há aqui um ponto que me parece importante. Ao dizer que está em seu direito, você nada faz senão formular uma ameaça – a de o Estado intervir pela força. Essa ameaça tem uma vantagem: ela desloca a relação de forças entre você e o boçal à sua frente para um conflito entre ele e a grande-máquina-mais-forte-que-você-seu-babaca, o que o coloca, ao menos *teoricamente*, sob a proteção do Estado. Infelizmente, essa ameaça traz também um grande inconveniente: ela desloca *pura e simplesmente* a relação – em outras palavras, ela faz com que você renuncie a praticar pessoalmente todas as interações sociais que eram recursos possíveis de ação, e o coloca concretamente numa postura de submissão (justificada, concordo) à lei. Mais uma vez, é uma postura que você só deve adotar em casos de extrema urgência, da mesma forma que você só embarcaria num navio de cruzeiro se fosse para evitar a morte.

Resumo o movimento. Quando os babacas infringem as leis existentes, o fato de tornar-se vítima deles o mergulha em um tão grande desalento que você os ameaça com a força do Estado, o que tem como efeito essa submissão que o fragiliza enquanto ator social, de tal modo que, no fim das contas, a possibilidade de você ser vítima dos babacas... aumenta. E assim, o círculo da submissão se fecha em torno de você. Os escrotos, as megeras e seus cães de todos os tamanhos podem dançar como diabos sobre você, enquanto você chora, chamando o Estado, que acabará por vir ajudá-lo – ou não.

Deve-se deduzir de tudo isso que, para não cair na escravidão, seria preciso preservar sua própria força? Antes que eu responda mais amplamente a essa pergunta, retenha ao menos o seguinte:

9

Debaixo das leis, se necessário.
Mas ao ar livre, sempre.

COMO A MORAL ACABA COM A INTERAÇÃO

Eles desembarcam nos belos dias com gritos bestiais e se alastram incessantemente, infiltrando-se até onde você menos esperava. No parapeito onde você estava apoiado, primeiro vem o pai. Empurrando-o com o cotovelo sem sequer olhar para você, ele ajusta uma teleobjetiva de dimensão absurda para tirar o que ele considera a foto do século. Enquanto isso, seus filhotes começam a correr com suas casquinhas de sorvete na mão. Um planeta com gosto de morango logo se emancipa de sua trajetória e, *plaff*, cai no chão, em seguida derrete lentamente entre seus satélites. Logo, a mãe berra com o menino que berra, e as bocas dos dois, uma diante da outra, formam um engarrafamento no qual você parece reconhecer um caminhão de bombeiros, Grand Theft Auto, soldados da infantaria napoleônica, Cristiano Ronaldo, vários carros de polícia, Flash McQueen e um papa-defuntos. Adolescentes desenvoltos o arrancam de sua perplexidade: roçando em você seus braços molengas, soltam um peido sonoro e complacente, morrem de rir e se afastam correndo às gargalhadas.
Essa cena, a mesma, pode ser observada à entrada dos palácios antigos, diante dos templos, nos parques, nos degraus das igrejas, nos jardins, à porta das mesquitas, às vezes dentro dos museus, até o instante em que você, cheio de chicletes colados à sola do sapato, for se refugiar num livro – em qualquer lugar fora deste mundo.

Onde descobrimos o que é a autoridade moral; e por que você tem tudo a perder ao utilizá-la diante dos babacas.

O capítulo precedente mostrou que, quando se fala com babacas, a referência às leis comporta uma espécie de ameaça mais ou menos velada, no que ela se refere a uma forma de força mais ou menos palpável. Nesse sentido, a maneira pela qual podemos ameaçar aquelas e aqueles que nos estragam a vida, através da autoridade ao menos teórica do Estado, permite simultaneamente limitar os estragos perpetrados por eles (isto é, prevenir e punir concretamente os delitos e os crimes), mas também nos tranquilizar, pois essa autoridade abranda nossa insuficiência diante de seres assim tão polimorfos e escorregadios como esses malditos babacas. Infelizmente, o Estado de direito tem um custo: enquanto temos apenas *tendência* a ganhar em proteção (já que o Estado não funciona sempre), nós temos também *tendência* a perder algo de nossa autonomia. Quanto mais nos protegem, menos temos o reflexo de nos defendermos sozinhos. Esse efeito se assemelharia à infantilização se esse "nós" fosse somente individual. Mas a verdadeira "coisa" a proteger não é exatamente sua pequena pessoa. São suas interações. Se, por exemplo, você resolvesse se armar, você protegeria talvez sua integridade física (e isso não é certo), mas logo destruiria aquilo pelo qual vale a pena proteger essa pequena pessoa que você é – a saber, como eu disse, a qualidade de suas interações.

O terceiro dos casos no qual se diz "estar em seu direito" mostra justamente como a pessoa que você é pode contribuir para sabotar bem ativamente suas interações, no exato momento em que você tenta se salvar. Imaginemos o caso em que você formula um julgamento moral sobre uma ação que lei alguma proíbe – por exemplo, ser um babaca, escolha o que achar melhor (o fato de mentir, descumprir promessas, semear a discórdia etc.). Nesse caso, você não tem do seu lado nem os fatos (caso 1), nem as leis (caso 2); por sinal, você não reivindica a proibição oficial de todos os babacas (caso 1), nem a aplicação de uma lei existente proibindo os babacas (caso 2). Mas então, com os diabos, de que direito estamos falando aqui? De onde vem a moral que proíbe ser um babaca?

Talvez você tenha a convicção de que existe em algum lugar um princípio intangível que se chama uma *lei moral*, o que, neste contexto, significa apenas *não escrita*. Pois bem! Mesmo que eu sinta, como você, certos princípios visceralmente inscritos em minha carne, comecemos por convir que a moral, posto que prescreve e proíbe, tem a mesma forma que o próprio direito, independentemente daquilo que lhe confere sua realidade positiva: a *letra* (das leis) e a *força* (das instituições). Assim, a moral é exatamente a continuação do direito para além de seus contextos, isto é, sem leis escritas e sem atribuição de recompensas e punições. Poderíamos então considerar a autoridade moral como uma pura e simples extrapolação do jurídico, associada ao hábito adquirido da submissão; aliás, as sociedades estatizadas são aquelas em que os discursos moralizadores são os mais desenvolvidos. Mas vamos com calma.

Essa primeira observação explica por que, na sua vida cotidiana, ao dizer e pensar que está *moralmente* em seu direito, você não faz senão ameaçar os babacas com uma força que não possui, e entra numa relação de forças sem ter condições para isso. Não há dúvida, trata-se de uma babaquice: você age exatamente como se se submetesse ao Estado, onde não há Estado.

Ora, lembre-se de como funciona a submissão. Quanto mais um náufrago interacional (conceito que me parece mais claro que o do indivíduo) se sente insuficiente, mais ele deseja que alguma coisa venha em sua ajuda. Quando o Estado não pode responder a seu apelo (e nenhum Estado jamais proibirá os babacas, visto que eles estão no comando), ele oferece então sua submissão ao vazio – dito de outra maneira, a uma autoridade *moral*, o que, desta vez, significa uma autoridade *ausente*. Graças a essa imagem de uma força em ausência, sua própria insuficiência em fazer valer suas posições se projeta em reivindicação. O que ele quer, sem obter, ele representa para si mesmo como um *direito moral* que seria o seu, ou seja, como alguma coisa que lhe *pertence*, mesmo que ele *não* a tenha. E o que ele espera dos outros sem poder lhes impor, ele representa como um *dever moral* que lhes incumbiria, isto é, que os *obrigaria* a fazer, mesmo que *não* o façam. Como você está vendo, trata-se de uma espécie de delírio imaginativo em que a realidade se projeta em representações invertidas, como ocorre frequentemente aos náufragos sem água nem coqueiros (eles sonham com a torrente e a sombra), de tal modo que o termo "moral" ganha, então, um terceiro sentido: ele designa aquilo que só acontece numa configuração *ideal teórica*, aquela que não tem outro fundamento senão o desejo insuficiente do náufrago, que naufraga cada vez mais em sua insuficiência, girando e rodopiando em torno de sua força perdida. Você, por exemplo, sustenta que os seres humanos têm o *dever* de não serem babacas. E, além disso, você tem a cara de pau de pensar que *não deve* odiar seus semelhantes, mesmo que sejam babacas. Pois bem! Esses deveres não honram seu senso de realidade, realmente, nem um pouco...

Entretanto, ele o honra ainda assim. Explico a razão.

De um lado, pode-se dizer que a *autoridade moral* da qual você se beneficia exprime um diferencial entre seu desejo e as realidades. Consequentemente, essa autoridade não emana de um Absoluto positivo que formula seus decretos com uma voz possante; mas ela exprime um autêntico Absoluto, o Grande Apelo do náufrago, o Grande Desafio que lhe lança o próprio náufrago. Ela é a voz de sua insuficiência, ela é sua exigência íntima de que a falta seja preenchida entre o que você deseja e os eventos que dela advêm. Nesse nível de análise, é possível que a forma de expressão mais bem adaptada à situação de náufrago na qual nos coloca a babaquice – em outras palavras, a fonte viva de toda moral neste mundo – seja um puro e simples grito de angústia, ou uma dança de exorcismo, ou qualquer outra coisa, a partir do momento em que isso permita superar o que chamei anteriormente de *o luto da confiança*, ou então as aterradoras emoções do naufrágio interacional. Com certeza! Pois, como já demonstrei, esse naufrágio põe em crise todas as regras humanas, de modo que, quando se sente em tal situação de angústia ou de insuficiência, você está inteiramente livre para exprimi-lo de qualquer maneira, entregue à sua própria sorte diante do problema poético fundamental – esgotar a emoção.

É nesse ponto que o sistema moral se encontra a salvo do absurdo. Pois, definitivamente, a divisão entre o Bem e o Mal tem, sobretudo, por função justificar suas queixas e autorizar suas lamúrias, assim como revigorar seus esforços quando você se desespera. Sim! Quando sua bem-amada o trai, mente, manipula e o arrasta pela coleira para os pântanos mais pegajosos da covardia, ou quando seu companheiro a maltrata ou lhe bate, no momento em que você diz "isso é o mal, não o tolerarei jamais", soa como uma libertação. Ajudá-lo a romper, ajudá-lo a agir, ajudá-lo a preservar uma imagem *ideal teórica* de você mesmo, este é o grande mérito da moral, tal é seu papel positivo. E isso não é pouco, pois essa ruptura liberta suas emoções – em outras palavras, o libera de suas submissões equivocadas. Isso, em geral, produz uma imensa nuvem emocional na qual se misturam, entre outras coisas, um grande alívio e um grande sofrimento. Suas queixas, seus julgamentos, suas sentenças, enfim, seus múltiplos processos imaginários, ao cabo dos quais você inventa atrozes suplícios por aquelas e aqueles que julga, têm a vantagem de fazer precipitar essa nuvem ora em cinzas ainda ardentes, ora numa chuva triste e desolada. Nesse sentido, a moral é um dispositivo diretamente emocional, cujas fórmulas definidas e peremptórias se revelam capazes de receber, de absorver e de exprimir o que ressentimos.

No entanto, o direito moral tem também uma função destruidora, que ele realiza perfeitamente – um tanto perfeitamente *demais*, mesmo. Com efeito, a moral destrói as interações, algo de extrema utilidade no caso de interações nocivas, como acabei de mostrar. Mas seu inconveniente é que ela destrói *todas* as interações – experiência que qualquer um pode fazer debatendo, mesmo com amigos, questões que implicam uma resposta moral. O que pensar de sua ex? Ela realmente te traiu? A partir de quando, de que ato deve ela ser tratada como uma babaca? E por quem? Assim que essas questões entram em jogo, o tom se eleva, a discussão se torna mais tensa e até – num momento bastante previsível quando se presta atenção – se rompe. Por quê? Porque o direito moral é uma maneira de falar e de pensar que se apoia na insuficiência individual. É por isso, entre parênteses, que as fofocas nos fascinam: elas fazem da insuficiência dos outros um espetáculo, o que é bastante tranquilizador, pois mostra que nenhum de nós está só nesse naufrágio. Porém, o mais importante é que o direito moral encontra aí seu fundamento. Essa autoridade vem de sua própria situação de náufrago, e ela o autoriza, pura e simplesmente, a formular o Absoluto (sobreviver). Mas, como compreende, esse Absoluto só é válido para você, pois você é o Único de seu próprio naufrágio. Por isso também, quando se discute moral, todo mundo se agita em torno de alguma coisa sobre a qual deveríamos concordar *antes* mesmo de a discutirmos, de tal modo que a discussão se torna uma maneira desordenada, para cada um, de reivindicar de todos uma espécie de acordo silencioso, um tipo de assentimento prévio à discussão, talvez um grito de terror que nos uniria a todos como uma alcateia de lobos cercados pela bruma, uivando de angústia dentro da noite.

Assim é que a insuficiência e sua demanda acabam invertendo a ordem natural das coisas. Com efeito, só podemos estabelecer juntos as condições de nossas relações (isto é, suas normas morais) a partir de uma negociação *entre* nós. Colocar condições para o diálogo é, portanto, uma contradição em termos; o diálogo não tem preliminar. Por isso é indispensável depor as armas assim que esses assuntos são evocados: nossas convicções morais são imediatamente associadas à nossa insuficiência. Acabamos nos estripando uns aos outros porque cada um tenta calar sua emoção diante da própria insuficiência individual. Nobre objetivo, péssimo método. Pois, para dizê-lo em termos filosóficos, a palavra é um incondicionado, posto que ela é, por natureza, condicionante.

Resumindo, é melhor conhecer primeiramente a insuficiência geral dos indivíduos, a fim de recomeçar com o pé direito, admitindo que é precisamente improvisando juntos, com a palavra, uma forma de normatividade aberta, que se superará, ao mesmo tempo, a insuficiência e a angústia; e isso não pode se apoiar na autoridade moral, posto que esta só pode se fundamentar em cada indivíduo, pois ela se apoia na relação entre seu esforço para sobreviver e a consciência de sua insuficiência para alcançar sozinho(a) seu objetivo. Assim que ela produz uma interação com outro indivíduo, um grupo ou uma instituição, a angústia que você investe vitoriosamente em sua moral pessoal perverte a troca no que ela contém de ameaça latente – por sinal, ilimitada e sem conteúdo –, pela qual se pretende colocar as condições. Eis sua fórmula:

pode-se discutir, senão...!

Senão... o quê? Falarei sobre isso em breve. Agora, quero sair dessa zona de turbulências conceituais, que cansou a você e a mim, concluindo sobre este ponto: a moral quer se impor sem restrições, o que significa pela força – sabendo que ela não tem outra, senão a de enervar todo mundo, irritando e arranhando nossas angústias. É por isso que se prevalecer da moral é uma maneira bastante segura de massacrar suas interações.

Será que dizendo isso eu caio no imoralismo? Não. Deixo explícito um critério que você já respeita quando discute com aqueles que ama: você evita se irritar inutilmente, ou seja, respeita o privilégio da interação sobre os conteúdos do intercâmbio. Com certeza, não é necessário renunciar a seus princípios morais, pois, aos meus olhos, é natural que as normas sejam normativas (inclusive, e sobretudo, aquelas que se apresentam como evidências – o amor, por exemplo, ou a sinceridade, a benevolência). Por outro lado, não tente estender sua moral pessoal em condições de contradição imediata com ela. Querendo impô-la pela força, você acaba, de fato, por traí-la. Porque pense nisto: impor suas normas é a maneira mais segura de arruinar o que há nelas de mais compartilhável.

10 | Não imponha suas normas.
Negocie as dos outros.

POR QUE OS BABACAS PREFEREM DESTRUIR

―――――

— Posso pedir batatas fritas pra acompanhar?
— Ah, não, ou é salada ou vagens.
— Mas, se o outro prato vem com batatas fritas, não seria possível inverter?
— Não, não é possível.
— Mas como não? Isso causa algum problema?
— Causa. Porque esse prato vem com vagens.
— Mas... Isso vai complicar as coisas na cozinha?
— Não, não é isso.
— Então, eu... talvez eu possa pagar um adicional?
— Não, não há custo adicional.
— Então, por que não podemos trocar?

Onde refletimos sobre as relações de forças e sobre a guerra, o que permite extrair um método de sobrevivência para as refeições em família.

Ao acordar hoje de manhã, achei que a última frase do capítulo precedente podia levantar uma séria objeção. Escrevi: "impor suas normas é a maneira mais segura de arruinar o que há nelas de mais compartilhável". Essa frase não foi fruto de uma súbita inspiração. Ela me custou quase quinze anos de estudos, de magistério e de experiências nos quatro cantos do mundo. Você me dirá: tudo isso para chegar a esse ponto? Mas enquanto eu examinava meu corpo para saber onde tatuá-la, ela fez surgir a seguinte dúvida: será que aceitando a existência de nossas tendências normativas (o que explica que nós achemos, com razão, que existem babacas), rejeitando ao mesmo tempo a imposição delas pela força (quer dizer, que *não podemos* destruir os babacas, nem mesmo num ideal moral), eu não estaria me transformando num apóstolo da manipulação suave? Em outras palavras, não estaria eu aconselhando você a não afrontar os babacas, mas somente manipulá-los, correndo o risco de permitir que eles, por sua vez, o sufoquem – desde que isso seja feito *suavemente*?

Muito bem, esta é minha resposta. Quando disse que suas normas eram compartilháveis, eu quis encorajar um trabalho de negociação que seria o exercício de um poder comum e recíproco, de tal modo que não vejo razão para considerar isso – quer dizer uma ética interacional como uma forma disfarçada de dominação. Ao fim do diálogo, podemos imaginar que as normas seriam modificadas a ponto de se tornarem suscetíveis a variações – talvez infinitamente. Se me disser que elas então deixarão de ser normas, então você me entendeu: sem contrariar a convicção subjetivamente estruturadora de que todo mundo *deveria* compartilhar seu sistema de valores, você pode, ainda assim, neutralizar os efeitos negativos dessa tendência; em outras palavras, sem deixar de ser fiel a si mesmo, você pode renunciar a ser o babaca dos outros. Já é suficientemente doloroso que eles sejam babacas para você.

Por sinal, imagine a hipótese inversa. O estudo do sermão, depois dos princípios do direito, depois da autoridade moral, nos deixou entender: fora da negociação, só existem relações de força, e essa força não é nem imagem nem metáfora. Se quiser ter em mente que a violência está sempre ao alcance da mão, poderíamos propor um novo elemento de definição: por princípio e por definição, *os babacas são a favor da guerra*.

Ora, é claro, se você diz "eu sou a favor da paz", você terá todos os seus interlocutores, principalmente os mais babacas, do seu lado. Mas, na realidade, muitas de nossas posturas cotidianas estão orientadas no sentido do conflito e da destruição, sem que o percebamos. De fato, em todas as situações em que colocamos condições prévias ao diálogo – condições que supõem que o outro não seja o outro – a babaquice se intromete. A ideia de que o outro seja *primeiramente* destruído para *em seguida* ter o direito de falar é uma postura estúpida, porém, mais frequente do que se imagina.

Excepcionalmente, vou ilustrar com a palavra de um grande homem que, desde o início desta investigação, não parou de me assombrar – precisamente porque esse homem, chamado Catão de Útica, era ele próprio assombrado pelo pensamento de seus inimigos. Após a segunda guerra púnica entre Roma e Cartagena, esse grande senador, herói da história romana, repetia sem cessar a mesma frase na conclusão de seus discursos. Qualquer que fosse o assunto do debate, Catão voltava sempre a sentar-se, depois de tomar a palavra, dizendo: *Ceterum censeo Carthaginem esse delendam* (*Por sinal, acho que Cartagena deve ser destruída*).

A obsessão que Catão tinha pela destruição de seus inimigos – e o fato de dois mil anos mais tarde ele ainda ser lembrado, assim como sua frase, afinal de contas, monstruosa – reitera que a lógica de guerra permanece sempre um magma ainda incandescente, ainda subjacente, sob a crosta de todos os debates. Infelizmente, ao contrário de Catão, os babacas não percebem que nós não temos alternativa: ou aceitamos nos acomodar uns aos outros, ou subentendemos que, no final das contas, seria melhor nos destruirmos uns aos outros. E com uma ingenuidade que sempre surpreende, os babacas se inclinam à guerra quase o tempo todo. Eles esquecem que, atrás das palavras, existem verdadeiros conflitos; e que, no ano 146 antes de nossa era, Cartagena foi de fato destruída. Catão já estava morto.

Entre a babaquice ordinária de sua cunhada ou do taxista que afirma qualquer coisa sobre o Islã ou o judaico-cristianismo, sobre os burgueses capitalistas, sobre os fascistas ou os professores, e os bombardeios trágicos que acontecem mais ou menos longe dali, nós devemos, com certeza, aceitar uma relação de fato bem distante, bem remota, mas real. É evidente que não se trata de uma associação de causa e efeito, e ainda menos de uma responsabilidade moral: trata-se apenas de uma lógica de guerra. Os babacas querem a guerra sem ter ideia nenhuma do que ela é, sem nem mesmo ter a menor vontade de fazê-la. Mas o princípio da guerra, sob a forma de exclusão do outro destituído de qualquer discurso (e, no fundo, de toda existência) lhes fornece aquilo que a postura de quem está em seu direito exprimia apenas de maneira velada: o prazer – na maior parte do tempo mantido vago, subentendido, simbólico – de exercer uma potência de destruição.

É por isso que, paradoxalmente, os babacas gozam preferindo a guerra, gozam com o prazer de destruir, ao menos em pensamento, e esse gozo põe todo mundo em perigo, inclusive nos fatos. Talvez você me pergunte de onde vem esse prazer tão particular que eles têm em destruir. Pois bem, para começar, os babacas nada são senão débeis gigantes que se surpreendem com a própria força: eles a exercem sem conseguir sair da incredulidade. Exatamente como os recém-nascidos, para eles trata-se de experimentar seu poder sobre não importa quem, custe o que custar – especialmente porque, para eles, a força manteve-se problemática. Encorajados em suas dúvidas por outros babacas que os dominam, eles nunca param de duvidar de si mesmos, de tal forma que uns se acalmam principalmente exercendo a dominação, outros, se submetendo. No entanto, ao longo de um mesmo dia, a babaquice proteiforme deles oscila de uma metamorfose a outra – entre dominação, submissão e destruição.

Entretanto, ainda há muito mais. Porque, quando os babacas se inclinam para a destruição (e, por exemplo, o ameaçam), pouco lhes importa que essa força seja deles. Inclusive, muito frequentemente, pouco lhes importa que ela proteja a eles mesmos. O que lhes importa? Pois bem, eles obedecem cegamente a uma lógica de economia que não lhes diz respeito diretamente, mas que é uma tendência natural do Universo. Porque é mais simples e mais fácil destruir do que construir, agredir do que apaziguar, mandar para o inferno do que compreender, os babacas se deixam atravessar por uma violência que ultrapassa toda elaboração subjetiva, toda construção social, toda concórdia política, toda ecologia. Em outras palavras, eles respeitam escrupulosamente uma lei natural de aumento da entropia, de volta à desordem, de destruição das formas organizadas – não exatamente porque são preguiçosos (ainda que essa descrição não seja inexata), mas, mais profundamente, porque a força que os atravessa encalha dentro deles ao se organizar, encalha ao se realizar em subjetividade, e então ela desaba como uma onda assassina sobre as margens das relações.

A preferência pela guerra que identificamos nos babacas não revela então, em caso nenhum, uma misteriosa pulsão de morte, pois a violência que eles invocam e encarnam não é apenas uma forma de poder que um sujeito exerceria sobre e contra outra pessoa. A violência da babaquice é mais *cósmica* que isso. Ela indica o fato de que os humanos são os intermediários de uma força que pode unir e desunir, se auto-organizar e se desarticular, pulverizar os humanos e o planeta Terra mais facilmente do que dispersar as pétalas de uma flor com um sopro. O que produz a verdadeira destruição (a guerra, as mortes, os desastres ecológicos), então, nada mais é senão a força sublime da existência, que ora se auto-organiza em maravilhosas combinações de energia – é você, é a vida, a alegria, é a eterna primavera do Universo –, ora se desorganiza em assustadores lampejos que revelam a fragilidade de toda construção de perspectiva. Ah, já sei! Você preferiria que os babacas sofressem apenas chorando, que eles lhe estendessem a mão, que fossem sorridentes e pitorescos. Mas não: a força da existência os atravessa destruindo-os, e, por essa razão, eles sofrem odiando. E odeiam qualquer coisa, qualquer pessoa, porque a força, através deles, destrói.

Mais instantânea, mais simples, menos custosa em meios imediatos que o diálogo, a destruição é certamente consubstancial à babaquice. Nessa etapa, quase toda a nossa investigação filosófica se vê então constrangida a se inverter. Pois, você compreende, não é possível que a babaquice seja destruída, *visto que ela própria é o princípio de toda destruição*. É por isso que os babacas mais sólidos são, para os filósofos, como vacas sagradas: eles sabem que não podem, em caso algum, fazer-se entender e, por esse motivo, proíbem-se religiosamente de experimentar. Será que essa postura filosófica – muito frequentemente confundida com um desdém aristocrático – é, afinal, pretensiosa e depreciativa? Desconfie dessa objeção, pois a postura inversa ao silêncio dos filósofos diante dos babacas ativaria imediatamente a lógica da guerra e, contrariando as aparências, ela não se chamará respeito, mas intolerância. Deixe os babacas ruminarem suas este é às vezes o último recurso para que as vacas possam pastar em paz.

Assim, caso queira se colocar, na medida do possível, do lado da bondade e da inteligência, então você deixará religiosamente os babacas falarem – ou, para me exprimir com maior precisão, você deixará até seus próximos e seus entes amados em total liberdade para dizerem babaquices. Pois, ao tentar convencê-los seriamente – isto é, *não através do jogo* –, você passaria de imediato para o lado sombrio. Então, pouco importa que tenha ao seu lado a verdade, a razão ou sei lá o quê: você seria apenas mais um entre os babacas, lançando sua angústia na cara dos outros. Em particular, nos jantares em família, onde nada mais importa senão o laço que une (ou tenta desesperadamente unir) os membros, aprecie os argumentos desses bovinos milagrosos em vez de se exasperar. Escute-os com atenção, sempre e sempre, para aliviá-los de seus queixumes, mas reconhecendo neles o deus Shiva que, em sua dança de mil braços, destrói o mundo sorrindo. Porque os babacas, meu querido, minha amiga, são os apóstolos sagrados da guerra. E a guerra não é *apenas* um escândalo. Justamente, o que nos horroriza nela é o fato de revelar – à imagem de um buraco negro – a implosão estática de uma alegria sem sujeito.

11

Faça a paz,
e deixe-os em guerra

POR QUE OS BABACAS GOVERNAM

Qualquer um que teve a chance de observar por tempo suficiente uma colônia de focas tomando banho de sol deve ter reconhecido que, assim como a inteligência, a babaquice não é uma especificidade humana. Não falta espaço sobre os amplos rochedos; tampouco faltam os pentelhos. Preferindo os lugares ocupados aos locais disponíveis, eles criam conflitos inúteis, provocando gritos e ferimentos, envenenando a vida dos outros de todos os modos – mergulhando e respingando água em todas as direções, ou tentando desalojar os que são mais fortes do que eles, e às vezes até os mais fracos. Aí está o drama de toda comunidade. Em todo lugar onde há interações, há também babacas.

Onde admitimos a legitimidade dos babacas no seio das hierarquias sociais, mesmo e sobretudo quando eles se encontram instalados acima de você. O que não impede os combates.

Desdenhar a babaquice das pessoas, a fim de acolher suas queixas, é difícil; quando acontece de os babacas serem seus superiores hierárquicos, a situação é quase insuperável. Quando eu vejo você, leitor amigo ou querida leitora, constrangido(a) pela sua profissão ou pelo seu chefe a implementar soluções absurdas, efetuar operações contraproducentes, deixar sabotar seus esforços pelos esforços de um outro, eu poderia chorar de compaixão. Que a babaquice deixe transparecer a soberana potência do Universo, ainda passa; mas quando essa potência o agarra pessoalmente e impede os possíveis, desgasta as boas vontades, comete injustiças e apodrece o mundo lhe pedindo para ajudar... Aí é outro caso.

Nesse ponto, não se trata mais de estética, nem de moral, nem de direito, nem de metafísica. Aqui, estamos falando de um escândalo que, você pode imaginar, qualquer um admitiria mesmo no nível do simples bom senso, ainda mais que há consequências econômicas, políticas e filosóficas importantes: a aberração de ter dado ao pior dos perversos ou dos patetas, à mais canalha das babacas de todos os tempos, responsabilidades coletivas; e o horror pessoal de ter de participar.

Provisoriamente, deixemos de lado este último ponto, e admita que a presença dessa imbecil nesse cargo o machuca porque, ao contrário da dança cósmica de Shiva, ela articula sem mediação a desordem e o caos, na posição em que você se encontra. Portanto, é natural que você estime que a coisas não estão em seus lugares, e que essa parasita não deveria de modo nenhum ter tido acesso a um cargo no qual nada faz senão frustrar oportunidades com força total. E, se você concordar, vamos reescrever esta linha no código do Universo segundo o critério que justifica sua exasperação: o mundo seria melhor se fosse dirigido por gente competente. Em algumas páginas, eu demonstrarei que não.

Nessa área, é indispensável evitar os discursos vazios, de tal modo que, sendo professor universitário, falarei do ensino e da pesquisa; cada um e cada uma encontrará aí seu mundo. Entre os pesquisadores em filosofia, como você pode imaginar, os medíocres são numerosos. Aqueles que fazem avançar as pesquisas são em número ínfimo em comparação com aqueles que repetem ou que repisam as coisas que encontraram em outros lugares; a maioria publica banalidades avassaladoras que não fazem ninguém progredir. Mas se levássemos a sério esse lamento, se déssemos satisfação ao desejo que nesse ponto se exprime, o que aconteceria? Seria necessário limitar o número de pesquisadores para só conservar os melhores, e, sem discutir sobre os critérios de seleção, digamos que sobrariam algumas centenas de pessoas no mundo. Essa pequena aristocracia existiria então de uma maneira tão perfeitamente isolada, que logo seria privada dos professores que deformam seu ensino, e mesmo de amadores que leem suas produções sem entendê-las. Então, o que aconteceria? O desejo que têm seus membros de trocar uns com os outros entraria em crise: não sendo mais alimentados do exterior, eles recriariam internamente uma divisão entre os melhores e os menos bons e, de certa maneira, reinventariam novas formas de babaquice, de tal modo que, repetindo várias vezes tal operação, essa aristocracia acabaria perdendo inteiramente o gosto por si mesma.

Essa rápida simulação – que em certos países já começou – evidencia o fato de que qualquer ator social (pesquisador, professor, pouco importa) só existe quando sustentado pelo seu meio, e até mesmo por toda uma sociedade, que torna seu trabalho não apenas pertinente, mas materialmente possível. Em consequência disso, é preciso admitir que a tendência *naturalmente* aristocrática das pessoas de valor, que tendem a se preferir, a se escolher e a se considerar como únicos candidatos legítimos aos postos de comando, traz para o grupo o risco de se autodestruir quando essa preferência se torna uma exclusão. Ainda não cheguei ao ponto de classificá-los como babacas, mas paciência.

A primeira etapa de meu raciocínio pretende apenas mostrar que a exigência de excelência testemunha uma tendência a associar o mérito (competência dentro de determinado campo) ao poder de tomar decisões próprias para serviram ao interesse desse campo, ou dessa empresa; mas que não se podem excluir totalmente os maus e os incompetentes sem que isso drene perigosamente o terreno. Nessa etapa, você concorda comigo que os babacas são necessários, mas somente em posições subalternas. Você admite que uma aristocracia meritória só existe com a participação e o assentimento das multidões, cujos esforços tornam possíveis a inteligência, a eficácia, a competência etc. de alguns. Não discuto aqui o fato de o ideal meritocrático permitir justificar as desigualdades, no sentido de que ele sugere, reciprocamente, que os que desfrutam de privilégios devem merecê-los ao menos teoricamente, e, portanto, que aqueles que não os têm não os merecem (o que os sábios do mundo inteiro negam há três mil anos – em vão, pois os dominados sempre se recusarão a parar de oferecer sua submissão aos dominadores, pois encontram nela, como você sabe, seu gozo). Só insistirei sobre um ponto, a saber, que sem os medíocres, os bons não poderiam existir, não poderiam sequer *desejar* o que desejam.

Pois bem, agora podemos passar à segunda etapa. Porque você concorda comigo que existe uma *comunidade de desejo* entre uns e outros. A fronteira entre a competência e a incompetência não impede que aqueles que se consideram os melhores e aqueles que se consideram babacas estejam no mesmo barco. É possível que essa comunidade seja ignorada pelos babacas; mas isso significa que eles são apenas acidentalmente obstáculos ao bem comum, e que não se opõem a ele senão por oportunismo, acaso, conforme as ocasiões que se apresentam; quer queiram ou não, quer saibam ou não, os babacas fazem parte de um sistema de desejo (a que chamamos de uma sociedade) sem o qual não saberíamos sequer o que querer.

É chegado o momento do grande salto. Porque mesmo se você for o mais obtuso dos monarquistas e acreditar que os capitães dos navios dirigem suas tripulações pela graça retumbante de suas virtudes, você deve admitir que nada de humano haveria nesse mundo, mesmo as monarquias, os galeões e os porta-aviões, se não fosse pela ação da maioria. E a excelência do gênio romântico, do herói grego, do *self-made man* americano, não teria significado algum se ela não tivesse o poder de atrair para eles o desejo da maioria ruminante que, de início, os desconhecia. Entendo, você quer sustentar que o gênio é um mistério, e mesmo um dom de Deus. Mas não preciso negar esse ponto para afirmar que, para não atravessar totalmente a humanidade sem ser visto, esse gênio de exceção deve interagir com um desejo partilhado, de modo que sua apoteose tenha ainda lugar entre os comuns dos mortais. De tal forma que, definitivamente, você precisa admitir que o desejo comum age em partes pelo menos iguais com o gênio. E ainda que nada possa encarná-lo perfeitamente, é ele, esse desejo comum, que determina os lugares sociais que ocupamos, segundo nossa maneira pessoal de negociar com ele. Mesmo correndo o risco de ser trapaceado.

Nessas condições, é necessário que os postos de poder sejam obtidos por aqueles que os desejam, e que, por sua vez, os seres que os desejam sejam precisamente aqueles que sabem explorar tanto as engrenagens quanto as falhas das instituições, que ousam elogiar e se humilhar, e que podem encarnar sem esforço (ainda que em parte por desdém) o desejo vago da "maioria". Isso não supõe de forma alguma, como dizem os misantropos, que os babacas sejam majoritários; antes, isso vem da diversidade dos humanos, cuja consequência é a extrema dificuldade de estabelecer uma média, um perfil típico, enfim, o que quer que seja que exprima adequadamente nossa problemática unidade.

E é nesse ponto que os babacas triunfam. Pois para eles é mais fácil corresponder à média à qual sua mediocridade pessoal finalmente dá um rosto. É por isso que a condição natural da sociedade não é exatamente o reino da mediocridade (a que chamamos de mediocracia, termo que supõe o ponto de vista de um observador *teoricamente* superior), mas a meridiocracia; em outras palavras, o fato de uma indetectável média acabar por se encarnar na mediocridade, de tal maneira que o poder seja atribuído de preferência, ainda que não necessariamente, a qualquer um entre os babacas.

Agora, você compreende que o fato de ter um babaca como chefe, patrão ou presidente não é nem uma falta de sorte, nem uma injustiça, nem mesmo uma anomalia, visto que se trata da lei da mais elevada probabilidade. Essa consideração deve permitir que você mantenha um dos equilíbrios mais difíceis que existem – entre, de um lado, seus esforços por um mundo melhor, que significam lutar contra a babaquice e impedir que os babacas causem danos, mas sempre e exclusivamente na medida de seus meios, e, do outro lado, sua compreensão do mundo que, apaziguando seu coração, o ajuda a não encarar as decisões dos babacas como desequilíbrios cósmicos. Em outras palavras, mudar o mundo não porque ele o revolta, mas porque você o ama – inclusive como ele é –, o que não impede de se ter preferências.

Para alcançar isso, lembre-se de duas coisas; uma, sem querer desagradá-lo: neste mundo, cada um está aproximadamente em seu posto, e é *por isso* (e não *apesar disso*) que os babacas nos dirigem, nos governam e, mais geralmente, nos presidem. Em seguida, se *você* não se sente em seu posto, é *possível* que isso seja uma injustiça, mas é *certamente* seu desafio.

---

12 | Faça valer suas preferências sempre – suas frustrações, nunca.

POR QUE OS BABACAS SE MULTIPLICAM

─────

— O que é isso? Você não podia... A gente não tinha combinado que você iria me avisar com antecedência?
— Pois é, eu sei, pensei avisar...
— Então por que não avisou?
— Estava sem celular. Mas estou avisando agora.
— Mas...?! Vocês estão em quantos?
— Não sei. Uns trinta.
— Ah, é... Bom, vou deixar a casa com vocês então.
— Mas você pode ficar, hein.
— Não, obrigado, estou escrevendo...
— Seu novo livro?
— Sim. Enfim, não, acho que agora vai ser outro. Mas me diga uma coisa, vocês pensam em ficar...
— É claro.
— ...até que horas?
— Não sei; eu vou dormir um pouco primeiro. Tem mais gente pra chegar. Oba! Cachaça! Pode deixar ali. O aparelho de som, pra cá! Ahahaha, isso, fique à vontade amigo, pode ficar de cueca!

Onde descobrimos como lidar com a multiplicação infernal dos babacas, e onde somos apresentados à Sra. Yvette Gibertaud, avó do autor.

Refugiado na privacidade de meu quarto, eu o chamo a mim, desventurado amigo, diante de um dos maiores mistérios da vida humana. Como é possível que os babacas sejam sempre mais numerosos? De onde eles vêm? E por que, por que são tão numerosos?

Se pararmos para pensar um instante, essa observação tem o aspecto de uma ilusão de ótica. Afinal de contas, por que seriam os babacas mais numerosos hoje do que ontem? No entanto, lembre-se de que os babacas são eventos que se produzem no coração das relações humanas, e não um tipo de humanos que passeiam pelo mundo: isso é o que podemos chamar de "a natureza interacional da babaquice". Ora, é mais do que banal constatar que nossas interações aumentam. Nossos ancestrais, considerados em seu conjunto, pertenciam a sociedades menos móveis, então a maior parte deles encontrava um número menor de novas pessoas durante a vida. Nossos próprios pais percorriam mais raramente distâncias assim tão grandes, não cruzavam com tanta gente, como nós o fazemos, e, devido aos percursos globalmente mais lineares, sem dúvida não frequentavam tantos ambientes diferentes. Enfim, a internet e os smartphones fizeram explodir as possibilidades de contato com nossos congêneres, de longe ou de perto, por escrito ou via multimídia, pessoalmente ou em rede... E, certamente, quanto mais houver interações, mais haverá ocasiões para mal-entendidos, embaraços – em outros termos, naufrágios interacionais. No lugar de se confrontar com algumas dezenas de grandes babacas ao longo de uma vida – a maior parte deles, pelo que diz minha avó, perfeitamente identificados entre os municípios de Jarnac e de Fouqueure (no sudoeste da França) –, agora você tem a experiência de centenas e centenas deles. E, portanto, concluo uma primeira vez que, considerando o aumento das interações, os babacas se multiplicam. Como queríamos demonstrar.

No decorrer desses encontros, uma interação catastrófica, ainda que breve, autoriza as duas partes a seguirem pelos caminhos da vida convencidas de ter lidado com mais um babaca. Você me dirá que aquele que toma *você* por um babaca se engana, mas a internet e as redes sociais redistribuíram inteiramente a maneira como esse tipo de avaliação era outrora validada, especialmente porque diminuiu a distância entre as pessoas autorizadas e as outras, e reciprocamente entre o idiota público e o cretino a título privado. Depois que os babacas mais obtusos começaram a divulgar suas opiniões e as fazer validar pelos seus congêneres, o barulho que faz a babaquice e sua recepção pela ira popular permitem multiplicar o naufrágio interacional com uma amplitude inédita. Pela segunda vez, concluo: como a melhor propagação da babaquice, os babacas se multiplicam. Como queríamos demonstrar.

Poderia, contudo, salientar que, à medida que esse fenômeno se amplifica, a babaquice tem um impacto proporcionalmente menos forte sobre nossas vidas. Com efeito, minha avó dificilmente poderia escapar à amolação dos grandes babacas; inversamente, a maior parte daqueles que você e eu encontramos hoje permanece mais ou menos desconhecida – sem falar de todos os fantasmas digitais. Não é, portanto, absurdo afirmar que, mesmo que os babacas sejam mais numerosos, eles também passam mais rapidamente por nossas vidas.

Infelizmente, uma parte dessa vantagem se perde, pois ela é compensada por uma paciência e uma tolerância de nossa parte que diminuem, elas também, na mesma proporção. De fato, entre os habitantes de Fouqueure e redondezas, minha avó devia determinar suas preferências a partir do existente; com o tempo, ela pôde observar a evolução dos temperamentos e, contra toda esperança, modificar e melhorar suas relações – inclusive com sua sogra (mas não exageremos, pois esse tipo de gente *se obstina*). Por outro lado, confrontado a uma quantidade teoricamente ilimitada de interlocutores, nada há em torno de você que lhe imponha adaptar-se moralmente, e você me dirá – misturando realismo e má fé – que não tem tempo (precisamente porque as únicas injunções que você reconhece quase incondicionalmente são de ordem profissional e não filosófica, o que é bem lamentável). Em consequência disso, você considera como inadmissíveis os defeitos e os traços de caráter com os quais poderia se acostumar ou que poderiam mudar com o tempo. Transformado numa autêntica máquina de precisão, você identifica um babaca ao menor piscar de olhos – e se mostra rigoroso quanto à sua triagem entre os babacas e os outros, a fim de que ninguém perturbe sua vida. Uma terceira vez, concluo: considerando que você está mais sensível do que nunca, os babacas se multiplicam. Como queríamos demonstrar.

No entanto, essa última observação evidenciou o conjunto de preferências complexas a partir das quais cada um e cada uma é conduzido(a) a se afirmar como ser humano. Para resumir numa frase dois séculos de sociologia, digamos que uma pessoa se torna ela mesma a partir de códigos cujo controle permite aos indivíduos se afirmarem como membros de diversos grupos, respondendo ao mesmo tempo à necessidade de cada um para afirmar sua diferença, por sinal diversamente vivida ao seio desses grupos (o que supõe interagir, mais ou menos voluntariamente, com as normas deles).

Ora, do ponto de vista dos grupos, assistimos hoje em dia a um gigantesco amálgama normativo: maneiras diferentes de falar (e mesmo diversas línguas), de se vestir, de rir, de andar ou de sentar, de interpretar os eventos, de se ressentir e de exprimir emoções, de representar o tempo, o espaço, o eu, o você, o nós – resumindo, todas as variações daquilo que chamamos de sensibilidade humana se encontram misturadas em locais cuja população, sobretudo nas grandes metrópoles, percebe-se como mais heterogênea do que antes. O cosmopolitismo contemporâneo contribui então para fragmentar os códigos sociais em microcomunidades, e os babacas formam um subconjunto no interior de cada uma delas. Como todos sabem, eles se reconhecem ao rejeitarem aqueles que não seguem seus códigos – e, nesse ponto, a babaquice é perfeitamente distribuída entre dominantes e dominados, direita e esquerda, ricos e pobres, independentemente da exatidão das causas ou dos privilégios dos quais eles se beneficiam ou não, tanto entre os sábios como entre os ignorantes, ateus e religiosos, homens e mulheres, e assim por diante, visto que a babaquice, aqui, não designa o pertencimento a um grupo, mas a maneira de viver esse pertencimento ao favorecer a exclusão; e é assim que as diferenças outrora concebidas como civilizacionais, raciais, genéricas ou culturais diminuem à medida que renascem sob a forma de uma mínima homogeneidade social. Novamente, concluo: porque os códigos se fragmentam, os babacas se multiplicam. Como queríamos demonstrar.

Tendo visto isso, como anteriormente, esse movimento de fragmentação é, em parte, compensado pelo fato de as diferenças entre comunidades humanas serem cada vez menos espetaculares: os códigos mais sensíveis (línguas, modos de se vestir etc.) caminham para a uniformização em escala global, de tal maneira que se poderia esperar que os fenômenos de rejeição diminuíssem com o enfraquecimento das diferenças. Mas, como disse anteriormente (ver minha segunda demonstração), essa uniformização é, por sua vez, compensada pelo fato de que a irritabilidade (ou, digamos, a falta de resistência diante das diferenças sensíveis) também aumenta proporcionalmente.

Reflita sobre esses fundamentos. À medida que os algoritmos se tornam mais eficientes e mais universalmente utilizados, nossas sociedades tendem à personalização das mercadorias e dos serviços, sempre mais adaptados a você Hubert, a você Amazone... Consequentemente, os códigos de exclusão e de inclusão se aproximam, com uma insistência e uma precisão sempre mais avançadas, dos próprios indivíduos. Você entende aonde quero chegar? Confortado em seus códigos cada vez mais personalizados, que podem se apoiar sobre detalhes cada vez menores, logo você se tornará (ao menos teoricamente) o único a respeitar os códigos tais como eles lhe aparecem (pelo menos na *sua* tela). Dessa maneira, os babacas terão concluído sua multiplicação, deixando que, a seus próprios olhos, você pareça *o último ser humano sobre a Terra* – talvez com um número limitado de amigos – no meio de um oceano de babacas.

Nessa situação, inútil insistir sobre os benefícios da tolerância, assegurando que nós *devemos* nos aceitar todos diferentes para dançar uma grande ciranda. Esse moralismo colaborativo é absurdo: ser diferente é exatamente se apegar a preferências, que incluem uma tendência natural à repulsão; portanto, é tão inútil condenar a repulsão quanto se desesperar com a submissão, já que, por definição, os babacas não aceitarão *jamais* entrar em sua dança fraternal.

Como sair dessa? Pois bem, invertamos a perspectiva: mesmo admitindo que a História de nossa sociedade conheceu períodos de maior homogeneidade, você deseja, seriamente, sustentar que o respeito por uma única forma de ortografia, por um único tipo de gramática ou de vocabulário, por uma base de maquiagem mais clara ou uma peruca mais bem empoada significava uma maior inteligência? E que absurdo delírio passadista o faz pensar que a diminuição de nossas relações humanas nos permitiria reencontrar uma serenidade que mesmo minha avó (que não era uma pessoa chata) jamais conheceu? Por sinal, você tem mesmo certeza (aqui, falo como historiador) que essa uniformidade de códigos não é uma ilusão retrospectiva fabricada pela seletividade das nossas fontes? Você me dirá que meus exemplos são superficiais, que as pessoas menos babacas sabem muito bem que a aparência visual é indiferente. Por exemplo, elas sabem que sob os véus e as minissaias que as mulheres usam, o que importa é a liberdade de cada uma; mas, além do fato de os babacas e as babacas, precisamente, não o saberem, meu ataque visa a maneira de conceber a liberdade como uma escolha entre duas opções superficiais e perfeitamente indiferentes.

Sim, se quiser deter o irresistível crescimento dos babacas, antes de se tornar o primeiro ou a primeira entre eles, você deve admitir que a transformação dos códigos comportamentais (e então *das próprias formas da liberdade*) em *valores morais* é justamente o que nos leva a transformar a repulsão em exclusão, a tal ponto que se acaba vendo babacas em todos os cantos. Injetando a noção sagrada de valores nos estúpidos detalhes do cotidiano, você viola o preceito que lhe pede, pela boca dos maiores sábios, para parar de julgar seus semelhantes a todo momento.

Vejo que você hesita... Não devemos defender nossos valores? Eu respondo: se você está apegado a seus valores, sobretudo não os *defenda*! Não é brandindo-os como imperativos que você conseguirá difundi-los e fazer recuar a babaquice. Pois, eu já disse, não são seus valores que o distinguem, são suas relações e a qualidade delas. Seus valores, enquanto eles exprimirem seu apego a certos tipos de relações, têm evidentemente toda a minha simpatia. Mas eles se condenam à contra-performance na medida exata em que você os afirma de maneira incondicional. A *liberdade*, por exemplo, jamais é incondicional; ela designa a capacidade de seguir seu caminho dentro das condições existentes – em outras palavras, de condições precisas e determinadas.

Refletindo bem, o fato de ter valores *não é* o que distingue os grupos uns dos outros – ainda bem! –, e a ideia de que *nossos valores* nos definem é, em si mesma, uma babaquice, pois ela atribui uma especificidade local a algo que, *pelo seu conceito*, é destinado a superar as divisões, não a justificá-las. Assim, por exemplo, você não pode dizer que *seu* ideal é a liberdade, sem retirar dos outros o direito de nela se reconhecerem. Não consigo imaginar nada de mais perigoso, já que você transforma imediatamente em adversários todos aqueles que concebem a liberdade de um modo diferente do seu.

Admita então que, em vez de defender valores, seria melhor você desenvolver relações – ou seja, procurar minimizar os mal-entendidos. Porque é por aí, lembre-se, que os babacas se multiplicam. Você não poderá então conter a multiplicação deles, nem através do retorno ao universalismo colonial das Luzes nem através do relativismo personalizado da era digital. Você só os evitará se libertando de sua postura defensiva, aceitando colocar seus valores ideais em risco com as interações concretas e iniciar a negociação, a fim de melhorar suas relações em todos os níveis, o que enfraquecerá os babacas de todas as comunidades. Em outros termos, seja um artesão, não um juiz.

> **13** Cuide de suas interações, e seus valores o seguirão.

POR QUE OS BABACAS SEMPRE VENCEM

───

A babaquice é o exemplo de uma dessas determinações que os humanos querem a todo custo atribuir unicamente a si mesmos; mas, mesmo nesse ponto, eles estão no caminho errado.
Qualquer um pode fazer a experiência: uma pedra no sapato não precisa de nenhuma intenção para irritar a gente.

Onde formulamos o método incomparável para interagir com os babacas, a partir de certa concepção do mundo deles, do seu e de sua personalidade.

Meu último capítulo talvez tenha lhe dado a impressão de restringir a babaquice a um fenômeno de representação, como se ela se tratasse de uma pura e simples ilusão. Você espera, sem dúvida, encaminhar-se na direção de uma conclusão na qual, num êxtase bem filosófico, acabaremos por superar juntos a babaquice e ver o Universo enfim reconciliado. Permita que eu separe o joio do trigo: de um lado, sustento sem ressalvas que a impressão de que os babacas aumentam, quer ela corresponda ou não às determinações históricas reais, não cessará nunca, mesmo que eles devessem, na realidade, diminuir. Por quê? Porque, definitivamente, os babacas se multiplicam menos na escala da História do que na medida em que cada um de nós, ao longo da vida, perde suas ilusões sobre a unidade do fenômeno humano e sobre a possibilidade de partilhar suas próprias normas com todos. Assim, enquanto a sua babaquice diminui em você, outros milhares de babacas surgem ao redor, como se brotassem da terra. Nesse sentido, pode-se afirmar que os babacas se multiplicam à medida que nós deixamos de ser um deles.

Entretanto, o fato de perder sua ingenuidade não impede o cérebro humano de logo achar outra sarna pra se coçar. Com efeito, à medida que sua experiência de vida aumenta, a evolução da sociedade, as obras nas cidades, as transformações tecnológicas destroem pouco a pouco o cenário de suas recordações, de tal modo que, ao perceber o estado em que se encontra hoje a pracinha perto da qual você cresceu, ou descobrindo (por rumores, é claro) a maneira como os jovens de hoje se encontram e copulam etc., a nostalgia o agarra pelo pescoço. Ah, como eu o compreendo! Essa nostalgia individual, nascida da estranheza do vir-a-ser, não pode ser negada nem repelida sem que a sociedade inteira se ponha em perigo, pois ela revela um princípio fundamental, que manifesta a principal força dos babacas: a inércia.

De onde vem a inércia – aquela que você adivinha através das ideias *feitas*, de gente *bitolada* etc.? Para compreendê-la, é preciso partir de seu oposto, a adaptação. Ora, a adaptação é o fruto de um aprendizado relativamente longo, cuja época privilegiada é a infância, e cujas informações vêm se imprimir profundamente nos estratos menos conscientes de nosso ser. Ela se apoia numa experiência que abrange, ao mesmo tempo, os espaços onde se vive, o tipo de sensações que estamos acostumados a ter (sonoras, táteis etc.), as interações que temos com outros seres humanos (linguísticas etc.), enfim, tudo o que constitui aquilo que cada um de nós chama de "o mundo". O fato de repetir de maneira automática certos comportamentos, ou de associar certas ideias, ou adotar certas maneiras de falar, depende diretamente dos "mundos" aos quais esses atos ou essas representações se referem. De fato, nós adotamos ou elaboramos quase tudo o que nos define a partir desse imperativo de adaptação. Assim nasce o que doravante chamarei uma "personalidade", no sentido de uma disposição singular (nem totalmente previsível nem totalmente aleatória) a reagir de determinada forma aos eventos – noção na qual se mistura um conjunto tão complexo e confuso que ninguém sabe como destrinchar nele os determinismos sociais, as predisposições genéticas, as matrizes simbólicas e as experiências conscientes e inconscientes acumuladas no decorrer do tempo.

Pois bem, não importa qual seja a origem de nossas personalidades, o mundo da experiência é extremamente coercitivo. Em consequência disso, um ser humano só muda de opinião, de abordagem ou de comportamento se for coagido, por conta de novos fatos de experiência, a modificar seu mundo de referência; só a atualização do "mundo" lhe permitirá ajustar sua personalidade a ele, pois é totalmente impossível mudar a si mesmo por simples decreto (é uma evidência tão gritante que, apesar da difusão de discursos voluntaristas absurdos, suponho que todo mundo o admita, nem que seja apenas para se perdoar pelos próprios defeitos). Resumindo, se, no seu "mundo", um raciocínio bem-construído é admitido como um elemento pertinente, então meus argumentos poderão bastar para convencê-lo. Mas se não for este o caso, uma imagem talvez possa ter maior êxito, ou quem sabe um vídeo, um *gif* ou qualquer coisa que você identificará como um elemento pertinente à elaboração de sua relação com o mundo.

Lamentavelmente, não é assim tão fácil mudar seu mundo de referência, visto que, através de um estranho ciclo de retroação, a personalidade tende a defender o mundo ao qual ela inicialmente se adaptou. Assim se instaura um círculo que une o mundo e "eu", de tal forma que não apenas é possível modificar a personalidade modificando seu mundo, como também, reciprocamente, a força de inércia da personalidade protege o mundo de toda modificação. Para dizer nos termos *deles*: quem ataca um, ataca outro.

Consequentemente, você só pode modificar as representações de um babaca se considerar o fato de que a babaquice dele é, antes de tudo, o fruto de uma adaptação, e que, com certeza, a inércia ou a cegueira dele são exatamente o resultado de uma adaptação mais ou menos bem-sucedida a determinações precisas, ainda que caducas, equivocadas ou parciais. Então, somente com um grande tato você poderá fazê-lo mudar (de opinião, de comportamento etc.), explorando muito delicadamente as brechas no mundo de referência dele, sem com isso inverter-lhe a personalidade. É algo a ser avaliado *em suposição*, não existe receita, exceto que a luta contra a inércia dos babacas supõe globalmente esclarecê-los sobre as mudanças *já ocorridas* no "mundo" deles, mostrando-lhes que é indispensável integrá-las – sob uma forma pertinente para eles, mesmo que seja como um desenho animado ou um *jingle* publicitário, no lugar de uma demonstração.

Mas já que você se sente em condição de dar lições de moral, pense que o movimento de integração dos elementos de um "mundo" é, por definição, recíproco; isso significa que a maneira como o cretino ou a megera a quem você fala integrar o que lhe disser vai depender, numa proporção bem exata, de sua capacidade pessoal de levar em conta o mundo dos babacas, aceitando (nem que seja por conta da própria existência deles) que ele é igualmente, *de fato*, uma parte da verdade. Portanto, você só pode ter certeza de que seu mundo não é completamente babaca na medida em que você souber, *primeiramente você*, fazer justiça à realidade do mundo do qual o babaca é testemunha – naquilo em que ele manifesta precisamente uma brecha em seu "mundo".

Superar a babaquice de alguém significa então, necessariamente, modificar os dois mundos através de uma colisão recíproca, baseada na presença de brechas de ambas as partes. Fique tranquilo, fazer evoluir os mundos não é uma responsabilidade que caiba unicamente a você: posicionando-se numa grande escala, você pode deixar a História transformá-los naturalmente pelo seu próprio curso. Mas, apesar do que pensam os "progressistas", ninguém conhece o sentido da História; e, apesar do que pensam os "conservadores", a História não se faz sozinha, à base de retrocessos. Assim, não temos outra escolha senão participar das mudanças que já estão em curso, dedicando nossos esforços a *orientar* as evoluções da História no sentido das preferências que devemos incessantemente reatualizar.

Pronto, chegamos à encruzilhada na qual, jogando com nosso futuro (ou aquilo que representamos como tal), precisamos ganhar ou perder. Então! Contra os babacas, vamos perder quase sempre – salvo exceção. Por quê? Isso nada tem a ver com o fato de eles seriam majoritários – o que é absurdo: sendo entidades interacionais, os babacas *não* podem ser calculados! Por outro lado, é correto dizer que a maioria é quase sempre babaca, posto que ela tende necessariamente a seguir o princípio de configuração mínima de energia. Pronto. Tudo se resume a isto: preguiça, incúria, incompetência e conformismo. Todas essas palavras significam sempre e em definitivo a mesma coisa, o bom e velho princípio da inércia. Nesse sentido, os babacas ganham quase sempre, devido a uma inclinação natural da Natureza – enquanto eu e você lutamos para constranger a sociedade a dar alguns passos para o lado, a demonstrar algumas reações de fraca probabilidade, sofisticadas e construtivas. Mas a inclinação natural voltará sempre a ficar por cima: o que é ainda mais insuperável que a Natureza é, simplesmente, o indetectável ponto de interseção de todos os mundos.

14 Explore as brechas.

CONCLUSÃO

SABÍAMOS, DESDE O INÍCIO, que toda babaquice gera uma babaquice recíproca. Aqueles que querem erradicar os babacas ou que assemelham seus adversários aos babacas contribuem então, ativamente, para aumentar a babaquice ambiente. É por isso que só conseguimos nos aproximar deles usando um espelho e porque, definitivamente, este livro o engaja a se sentir, de preferência, *mais estúpido* do que antes da sua leitura, porque você *sabe* agora que defender a inteligência não significa se considerar hábil ou experiente, mas afirmar em si uma pura vontade de aprender, quer dizer, considerar-se como um *sujeito que está teoricamente enganado*.

Sim, os babacas nos ensinaram que não há especialista diante da babaquice, e que você deve incessantemente improvisar meios para enfrentar esse fenômeno estranho e caótico. Aliás, desculpe-me dizê-lo, mas enquanto estiver absorvido neste livro, você continua sendo um *sujeito que está teoricamente enganado*. Somente no momento em que encontrar um babaca ou uma babaca, que você identificará como perfeitamente autênticos, só então você mostrará seu valor, e sua "razão" nada mais terá de teórica.

Neste ponto, para articular as coisas da maneira mais breve, nós vimos como os babacas nos colocavam em certo estado de emoção; que esse estado assinala o fim de toda confiança; que esse naufrágio interacional é recíproco e destrói toda capacidade de comunicação; e que, na medida em que nós perdemos o contato, cresce nosso desejo de restaurá-lo por meio de uma autoridade. Essa autoridade se afirma desajeitadamente pelo uso da gíria, pelas referências à moral ou ao direito e por todas as espécies de reações que exprimem uma única função: restaurar a força contrariada de um vínculo, dando-lhe outra forma – uma postura agressiva, violenta, dominadora, destruidora mesmo. Para não soçobrar na guerra contra os babacas, que seria aquela de todos contra todos, só podemos oscilar entre três estratégias: negociar com aqueles que são capazes, fazer evoluir aqueles que o permitirem, para então ignorar aqueles que se recusam.

Em última análise, nossa investigação terá então deixado aflorar uma dimensão humana que existe *apesar da existência* da babaquice: trata-se de vínculos de interdependência ao mesmo tempo frágeis e indestrutíveis, que mantêm nossas existências inseparáveis para o melhor e para o pior. Esses cordões imateriais que conectam nossos ventres uns aos outros, essas conexões mentais que interligam nossos cérebros, esses arrepios de cólera ou de alegria que passam de uma epiderme a outra nos lembram que os indivíduos nascem de suas interações antes mesmo que, através de suas preferências e suas atividades, os grupos e as instituições tragam à tona, por sua vez, as relações entre os indivíduos.

Sim! Sem querer ofender as vovozinhas e os bebuns, a solidariedade não é algo que se perdeu e que devemos restaurar. Queiramos ou não, saibamos ou não, a solidariedade – é isso o que há de mais constrangedor – não se perde. Convém designar a solidariedade menos como uma escolha de se mostrar generoso do que como o funcionamento de interações que podem indiferentemente compor ou decompor infinitas variações, improvisando as regras do próprio caos.

Nesse sentido, o primeiro fundamento da babaquice é, sem dúvida, o desejo consubstancial de todos nós de existir separadamente – um desejo que, como se opõe a seu complementar, nosso desejo de pertencimento, só quer ouvir aquilo que ele afirma, nada mais quer antecipar senão aquilo que imagina, não prevê outra aplicação salvo aquela dos meios que ele anseia ou já possui à sua disposição. Nada há de mais obstinado, de mais cego, de mais obscurantista que esse desejo, e é por causa de sua legítima tendência ao menor esforço que todo ser humano cai e volta a cair regularmente na sua forma mais estúpida, e deve extrair do próprio solo do desejo os elementos para se reerguer. Essa raiva do desejo que é vontade de apoderar-se de tudo, esse orgulho absurdo na alegria ou na tristeza, essa cegueira na sabedoria assim como na ignorância, esse desprezo dos outros na felicidade como na desgraça, essa surdez no diálogo ou no silêncio, cada pessoa os larga ou neles se emaranha todas as manhãs, mas todo mundo volta a neles se deitar, cedo ou tarde. É por isso que *bancar o babaca* é agradável, visto que é uma maneira de se repousar de nossa luta permanente entre a separação e a indistinção, entre nossos esforços no sentido da autonomia e nossos esforços no sentido do pertencimento.

Ao me lançar neste ensaio de ética interacional, que constitui uma forma pastoral improvisada, parece-me ter tomado consciência da dificuldade, para todos, de manter um equilíbrio entre a imposição das normas pela força (que agrava a destruição dos vínculos) e a renúncia relativista (que agrava, de uma maneira oposta, a destruição dos vínculos). É por isso que apenas o desprezo dos babacas, que se acha nas duas extremidades, não é suficiente. Pensando bem, todas as patologias do vínculo – das quais os babacas são os sintomas – nos ensinam a ficarmos atentos aos tipos de interdependência que elas revelam. Portanto, ainda não acabei com a ética interacional, ao contrário. Entrevejo, com ela, maneiras esclarecedoras de descrever outros problemas contemporâneos.

Para não engolir a seco sua cólera diante dos babacas de todos os tipos, para recusar-se a deixá-la se perder, será preciso então se organizar, a fim de dar lugar – isso, simplesmente dar lugar – a seus adversários, de modo que eles cessem de lhe irritar os nervos e achem, nesse jogo de forças, uma porta de saída aproximadamente digna. Mas eu o adverti: eles o impedirão de conseguir; enquanto você procura se afirmar como uma força de paz, eles continuarão se afirmando como forças de guerra. No cotidiano, seu caminho não poderá jamais fazer outra coisa senão passar por momentos de diplomacia, em que você acolherá o sofrimento e integrará a negação dos babacas e de outros conflitos declarados, em que você repelirá os sofrimentos deles e deixará que eles se enfureçam contra você. Em todos os casos, os babacas o ensinarão sempre mais do que você lhes ensinará, porque é você quem deseja aprender. E lembro que, enquanto isso, o equilíbrio cósmico permanecerá, quanto a ele, perfeitamente indiferente, tanto à paz quanto à guerra.

Nessa indiferença final, os filósofos quiseram descobrir uma forma de serenidade ou de sabedoria supremas. Mas já anunciei isto desde as preliminares: atingir uma sabedoria capaz de dissolver todos os babacas com um mero olhar significa ser Deus, ou estar morto – e mesmo indiferente a essa alternativa. Neste mundo, quero dizer, sob a lua, nenhum conflito jamais terminou sem deixar vestígios, sem que ninguém se sentisse vencido, ou humilhado, ou lesado, de tal modo que nunca a babaquice cessará de renascer de suas derrotas, assim como ela se recupera alegremente de suas vitórias. Assim, os babacas zombarão sempre de sua *pretensa* virtude, e o sofrimento deles se erguerá sempre contra seu *pretenso* esforço no sentido da paz. É por isso que, em vez de pretender sair da alternativa, a paz não tem outra escolha senão assumir a energia da guerra, e aceitar como um *jogo* a necessidade dos conflitos. Sim. Tal é o aspecto real e a moral da nossa História – individual e coletiva: ela nada mais é senão um vasto jogo, ao mesmo tempo trágico e cômico, de separações e reencontros. Quando, em vez de *apostar* sua angústia, você souber apaziguá-la *pelo jogo*, então poderá tomar lugar, alguns instantes antes de morrer, à mesa em que riem e se insultam os filósofos e os deuses.

AGRADECIMENTOS

Agradeço particularmente a Luiz Camillo Osório, diretor do departamento de filosofia da Pontifícia Universidade Católica do Rio de Janeiro (PUC Rio), a Jimena Solé, professora da Universidade de Buenos Aires (UBA), e a Helena Urfer, da Universidade de Montreal (UdM) por terem criado as condições sem as quais esta pesquisa em ética interacional não poderia ter sido desenvolvida.

Agradeço igualmente a Annelore Parot, Aurélien Robert, Diane Lançon, Maxime Catroux, Pauline Hartmann e a Ronan de Calan por terem compartilhado comigo seus sofrimentos e suas luzes. E, naturalmente, a Camila, *que explora com tanto carinho e tanta coragem as brechas do meu mundo.*

BIBLIOGRAFIA

Como os livros aqui indicados não foram citados durante a redação, considerei inútil me referir a eles através de notas. Aqueles que os conhecem terão identificado os trechos em que eles orientaram a reflexão, e aqueles que não os conhecem poderão lê-los com proveito.

HABERMAS, Jürgen. *A ética da discussão e a questão da verdade*. Trad. Marcelo Brandão Cipolla. São Paulo: WMF Martins Fontes, 2013.

HONNETH, Axel. *Luta por reconhecimento*. Trad. Luiz Repa. São Paulo: Editora 34, 2003.

KANT, Immanuel. *Fundamentação da metafísica dos costumes*. Trad. Paulo Quintela. São Paulo: Edições 70, 2009.

LA BOÉTIE, Étienne de. *Discurso da servidão voluntária*. Trad. Casemiro Linarth. São Paulo: Martin Claret, 2018.

NIETZSCHE, Friedrich. *A genealogia da moral*. Trad. Paulo César de Souza. São Paulo: Companhia de Bolso, 2009.

SACHER-MASOCH, Leopold von. *A Vênus das peles*. Trad. Saulo Krieger. São Paulo: Editora Hedra, 2008.

SADE, Donatien A. F., marquês de. *A filosofia da alcova*. 4. ed. Trad. Augusto Contador Borges. São Paulo: Iluminuras, 1999.

SLOTEDIJK, Peter. *Regras para o parque humano*. Trad. José Oscar de Almeida Marques. São Paulo: Estação Liberdade, 2011.

STIRNER, Max. *O único e sua propriedade*. Trad. João Barrento. São Paulo: WMF Martins Fontes, 2009.

Este livro foi composto com tipografia Bembo Std e
impresso em papel Off-White 70 g/m² na gráfica Assahi.